へんな婚活

のり・たまみ

北辰堂出版

へんな婚活

＊もくじ＊

第1章　こんな婚活　あんな婚活

第2章　生き物の婚活って残酷だけどステキ

第3章　古今東西各国恋愛事情

第4章　ちょっとマジメにお勉強

第5章　最近の婚活

第6章 男と女

イラスト　あずまかおる

へんな婚活

第1章
こんな婚活　あんな婚活

異性の誘拐が成功すれば ほぼ結婚ＯＫの略奪婚

結婚は、なにかと大変なものです。

恋愛結婚（日本では約九割）の一例を挙げれば、
①　出会い
②　おつきあい開始
③　ただの恋愛なのか結婚も視野に入れているのか探り合い
④　プロポーズ
⑤　両親への挨拶
⑥　結納
⑦　結婚式
など、結果的にいろんな意味で、ものすごくエネルギーも時間もお金も使います。

お見合いの場合は、最初から「結婚」については双方共にかなりの共通認識なので、もうちょっと能率がいいかもしれませんが、それでも大変なことです。

交際期間がゼロ日で、ノリで結婚してしまった森三中の大島美幸さんと、放送作家の鈴木おさむさんのような例はあまりありません。

恋愛にしても、お見合いにしても、結婚の手続きはいろいろ面倒なんですね。

そんな面倒な結婚ですが、中には国によって「女性を誘拐したら結婚ＯＫ」の国があります。それも「認められている」とか「まだ行っている人の例がある」なんてレベルではなく、もう結婚のメインストリームです。

知らない（時には知っている）男性から誘拐されて、そのまま結婚成立するのが中国の隣、人口五百万人のキルギス共和国。
シルクロードが走り、パミール高原があることなどで有名ですね。

この誘拐しての結婚は現地の言葉で「アラ・カチュー」と言います。

女性は誘拐され、一晩監禁されたら、もう基本的に結婚しなくてはいけません。

なぜなら仮に断ったとしても、その一晩のうちに女性の貞操は奪われたと考えられ、「貞操を失った女」と見られるからです。

誘拐された女性は被害者なのに、非常に悪評に見舞われる運命にあります。

だいたい誘拐されて一晩監禁された女性の八割が「そのまま結婚」します。

なので男性は結婚したくなると、めぼしい女性を探します。

事前に「名前や年齢」など調査をすることもありますが、突発的な無差別誘拐犯よろしく街をうろつき、誰を誘拐するか見定める男性もいるほどです。

男性一人での誘拐は難しいので、だいたい仲間を引き連れ、街を歩いていた女性をいきなり車に引きずりこみ、誘拐・拉致して監禁します。

その間することとは、Hなこともありますが、とにかく「結婚を引き受けるように説得・脅迫」すること。

いきなり知らない男性に暴力で誘拐されるわけですから、女性は泣きに泣きます。

しかし一晩の監禁で、実家に帰っても悪名がつくだけなので、八割の女性が結婚に応じるそうです。

翌朝まで結婚拒否をする女性もいますが、その後の結婚も難しいために、なんと場所を知らされた女性の両親がやってきて娘に結婚するように説得する例が大半だとか。

「あらゆる良い結婚は、涙で始まる」と言われています。

女性側も誘拐されたくない人は偽の結婚指輪をしたりして既婚者を偽装しますが、調べれば未婚か既婚かは簡単に分かるので、完全な対策ではありません。

誘拐結婚されたくない両親の場合、外に出る際には一緒に出る、学校には車で送り迎えなどしている例もありますが、それにも限界があります。

実際に自宅にいても、ドアがノックされ、出たらそのまま誘拐という例もあります。

一応、法で禁止していますが、昔からの風習なので、実際には誰も逮捕されません。

日本でやったら、顔写真入りで「悪質事件」としてニュースになるでしょうけれど。

背景には、中世からの「女も土地も財産も力で手に入れる」という、ジンギスカンをはじめ、騎馬民族の風習があります。

実際に馬に乗って誘拐して……いろいろなことがあるのでしょう。

また、キルギスでは普通の結婚もあります。

その場合は、新婦の親に十万円ほど（キルギスでは大金です）の結納金と牛一頭を納める必要があります。

これがイヤで「安上がりだから、そのへんの美人を誘拐して結婚する」という男性もいるほど。女性にとっては迷惑この上ないですよね。

ウエディング格言

結婚するのは、二人とも他に身の振り方がないからである。

byチェーホフ

結婚後の二人ですが、日本と文化が異なるのか、意外と上手くやっているようです。

誘拐された女性のその後のインタビューを読むと「最初は恨んで毎日泣いたけど、今は夫（誘拐犯）と仲良くやってる」などというのが多かったです。

どうしてでしょうか。意外な感じもしますが、女性の意見で多かったのが、自分を納得させるためなのか、評価する声も。

「他の男性が私を誘拐しようとしていたので、今の旦那が取られてたまるかと誘拐してくれた。愛情を感じるわ」のような声もあります。と言っても知っていた男性でなく、ただ美人というだけで旦那も他人だったようですが。

もちろん「誘拐なんて形で一生を決められ、誰も信用出来なくなった」「結婚したのは、拒否すればなにをされるか分からなかったから。愛情ではなく恐怖で結婚した」という人もいます。

印象的だったのが、自身も誘拐され結婚した女性が「もし娘さんが誘拐されたら、どう思いますか」という質問を受けて、「誘拐した男性の思いが、娘の拒否する思いより強ければ、私は連れて行かれるままにします」と応えたインタビューでした。

思いの強さ・弱さというより無理矢理の誘拐・監禁なんですけれど、そこは文化なのでキレイに言葉にまとまっています。

子どものお見合い プロフィール写真を持って公園に 年頃の親600人が大集合（中国）

上海の人民公園、大連の労働公園など、中国各地の大きな公園では、毎週「親による婚活フリーマーケット（?）」が開かれます。

日本のテレビ番組でも、何回か「年頃の子を持つ親が子どものプロフィール写真を持って六百人大集合」なんて感じで放送されました。

二〇〇五年頃から広がりはじめ、現在ますます盛んに行われているとのことです。年頃の子どもを持つ親による「代理婚活」は日本でも行われていますが、あくまで非公開のひっそりとしたものです。

特別に設置された会場で、事前に予約した親たちが「私たちの息子は三十四歳で、年収四百三十万、マジメなのが取り柄で……」と、こんな感じでやってるのがほとんどです。

中国の「親による代理婚活」は、かなり日本と異なります。

非常にオープンというか、誰でも入れる公園に勝手に親が集まって、そこら中にお手製の婚活チラシを貼って歩いています。「私の娘の紹介。二十一歳、大学在学中。とても可愛く素直な娘です（写真・連絡先付き）」。

公園で勝手にやってるので、誰でも入れるし、観光客が見に行っても大丈夫です。その珍しい光景のせいか、色んな方の旅行記やブロクに写真やレポートが掲載されています。

上海の人民公園は、毎週末に、そんな親が五百〜六百人ほど大集結し、婚活チラシの数も一人一枚とかでなく、目立つためにそこら中に置くので、ものすごい数です。

七夕の短冊のように公園の木に大きく括り付けて垂らすチラシ。壁面いっぱいに、ところ狭しと貼られた無数のチラシ。中には地面に石で置かれたチラシ、などです。

もちろんチラシだけでなく、実際に良縁を求めて、相手の親と交渉しようとする親たちがそこら中にウロウロ。まさに婚活のフリーマーケットです。

ところで結婚する当人たちである息子・娘たちはどう思ってるのでしょうか。

「なんとかして息子・娘を結婚させたい」と願っている親たちとは異なって、こちらはちょっと微妙みたいです。

「親が勝手に自分の釣書を持って婚活してると思うと恥ずかしい」「勝手に相手候補の親と意気投合したみたいだけど、そんなに結婚したいなら自分たち同士がすれば」など、このような意見もチラホラ。

「親の心、子知らず」なのか。

いや、この場合は「子の心、親知らず」ですね。

この公園でやっている「公開婚活」ですが、実は二〇一〇年現在では「海外コーナー」も出来ているそうです。その名は「海外角」。

その他、伴侶に先立たれたお年寄りが再婚相手を探す「お年寄り」コーナーなど、専門コーナーも出来はじめているようです。

もし中国に旅行する機会があったら、ぜひ週末に大きな公園に行ってみてください。高確率で「集団婚活」をやってる可能性があります。

「朱に交われば赤くなる」というように、その「結婚」に対するエネルギーで、なにか得るものがあるかもしれません。

経済力でも人柄でも愛情でもなく遺伝子で結婚相手を探す国
（スイス）

安土桃山時代の大泥棒・石川五右衛門は処刑される際に「浜の真砂は 尽きるとも 世に盗人の種は尽きまじ」と辞世の句を詠んだそうです。

意味は「世の中から盗人がいなくなることはない」の意。

「盗人の種」と同じく、なくならないのが「恋人探し」「結婚相手探し」の手法です。

今でもどんどん新手段が開発されています。

最近だと「遺伝子婚活」なんかが新顔でしょうか。

以前から「オリンピック選手の遺伝子が欲しい」といった感じの特殊需要に応えるため「精子バンク」なるものが存在しています。

そしてアメリカでは広く利用されています。

最新の「遺伝子婚活」は家にいながら比較的低額で利用出来ます。たとえば二〇〇九年にスイスのジーン・パートナー社が始めたサービス。それは、ずばり「自分の遺伝子」を登録して、結婚相手としてベストマッチの「遺伝子」を探すというものです。

どうやって自分の遺伝子を登録するかですが、約一万円（九十九ドル）でジーン・パートナー社に検査キットを注文します。その中に入ってる専用綿棒で頬の裏をこすり、スイスの同社へ郵送。それを使って遺伝子検査を行います。

その結果から、同社サイトにログインして、同じく遺伝子を元にベストパートナーを探すというものです。

またフロリダの出会い系サイトでは、「裏血液型」で相性を調べます。

ウエディング格言

結婚生活に幸福を期待しすぎて、失望しないように気をつけなさい。ウグイスは春に２、３ヶ月だけは鳴くが、卵をかえしてしまうと、あとはずっと鳴かないものだ。　by トーマス・フェラー

裏血液型とはなんでしょう?

通常、私たちがＡＢＯと言っている血液型は「赤血球の型」を基準しています。実は血液にはいろんな分け方があって、「白血球の型」によるものもあります。それがＨＬＡ型。

赤血球型を元にした「ＡＢＯ」型は、たった四つの分け方「A型」「B型」「O型」「AB型」しかありませんが、白血球を元にしたＨＬＡ型は何万種類もあって、より細かく検索出来ます。それがウリ。

唾液サンプルをこのサイトに送り「裏血液型」を知り、ベストパートナーを探すというもの。

こうした商売に関して「科学の相関関係について正しい知識を持たない人を餌食にする商売」なんて批判の意見もあります。

実際に、男女がお互いに惹かれ合うのは遺伝子や血液型だけでなく「見た目」「人柄」「経済力」「年齢」などなど、多くの事柄が影響します。

それは分かっていても、いろんな新種「婚活」が出てくるのは、時代なんでしょうか。

そういえば、かつて筆者の同僚で「スキー場で転び、ぶつかった見ず知らずの男性と即結婚した」という嘘みたいな実話があります。謝ったり、食事しているうちに気に入ったんでしょう。会社内でしばらく「私も誰かにぶつかろうかな」なんて話がチラホラ出てました。

新手がどうかは知りませんがこれなんかは「ぶつかり婚活」とでも言うんでしょうか。いろんな婚活があるものです。

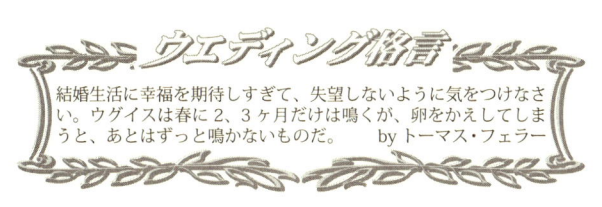

バツ４もバツ５も当たり前 何度でも結婚出来る タヒチ文化

「「バツイチ」って言葉を発明したのは、タレントの明石家さんまさん」

そんな話を聞いたことありませんか。でもこれは半分間違いで、半分正解です。

実際には、さんまさん以前にも「バツイチ」という言葉はありました。

言葉の語源は、離婚した際に戸籍の相手の名前がバツ印を付けられて消されるため。それで「バツイチ」です。

でも、あくまでひっそりと使われていた言葉で、一気に広まって爆発したのは、「さんま・大竹しのぶ夫妻、離婚記者会見（一九九二年九月）」がきっかけでした。

その離婚会見で登場したさんまさんは、額に大きく×印をつけて「これ（バツイチ）になっちゃいました」とやったため、「バツイチ」は一気に大ブレイクしました。

早くも翌一九九三年の『現代用語の基礎知識』に若者用語として掲載されるほど。

「バツイチ」の言葉を生んだのは、誰だか不明ですが、大きく育てたのはさんまさんです。

近年は戸籍の電算化が進み、×印はつかなくなり、代わりに「除籍」と記載されるようになるなど制度も変わりました。

でも一度広がった「バツイチ」の言葉は残り、数が増えてく「バツ二」「バツ三」などの派生語を産み、現在に至っています。

「バツイチ」って日常的に気軽に使われる言葉になりましたが、まだまだ日本では「離婚」は大変なことですよね。というか、あまり気軽に離婚する雰囲気はありません。

ところが世界には「バツイチ」どころか「バツ二」「バツ三」は当たり前、人生は愉し

むためにあるからと、どんどん恋愛して気軽に結婚→離婚→また結婚する文化もあります。

たとえば南太平洋のリゾート地として有名なタヒチ。

海が青くてあまりにきれいなので、「憧れのタヒチで結婚式を！」という感じで、ハワイ挙式と同じく日本人の海外挙式地として大勢の新婚客が押し寄せる場所です。

世界地図で見ると、オーストラリアの隣あたりの「南国の島」なのですが、所属国はフランス。植民地時代にフランスに無理矢理に占領されたからです。

今でもフランス領のままで、フランスは国をあげて「リゾート地」として宣伝しています。

タヒチの人たちは、ほんとに気軽に結婚します。

かなり若い十二、十三歳あたりからどんどん夫婦になります。

日本でいえば中学生くらいでしょうか。

しかし、そのあたりの年代の恋はあっという間に終わるのも珍しくありません。

それですぐに離婚。子どもがいても問題にはなりません。

生まれた子供は、だいたい女の子（お嫁さん）側の両親が家族として育てるようです。

そして、また気にいった異性がいればお互い結婚し、そして再び離婚。また再婚を繰り返します。

「あの人また離婚したんだって」なんて後ろ指をさされることなく人生を謳歌しています。

多くの日本人のように、「一生、同じ人と添い遂げる」みたいなことを言うと「なんで人生を愉しまないんだ？」と逆に聞き返されるような雰囲気だそうです。

若いときから性交をするポリネシア文化の影響もありますが、これは環境要因も大きいと思われます。

タヒチは豊かな国です。

これは別に所得が高いという意味ではなく、自然が豊かなので「生活するために勤勉実直に仕事する」という感覚は生まれにくい環境です。

目の前の美しい海には、簡単に食べられる魚がいて、山に入ればいくらでも果実があります。さらに庭にパンの木を二～三本植えれば、それでもう食事には困りません。

一人当たりの現金所得はたしかに低いのですが、実際の感覚でいうと「生活《食う》には困らない」のが現地の人の感覚です。

タヒチの人にとって「人生は愉しむもの！」。

『人の一生は重き荷を負うて遠き道を行くが如し（徳川家康の遺訓）』とか言ってる日本とは価値観が異なります。

重い荷物なんかわざわざ感じなくても、軽やかに生きていける環境があります。

同じ地球の中に、ほぼ裸一貫でも生きていける地域が存在する一方、非常に生存条件が厳しい極寒の北極・南極も存在します。日本は、その中間あたりでしょうか。

タヒチの人にとって、結婚は「人生をエンジョイしていけば、自然に訪れるもの」なんでしょうね。

あなたはタヒチに行きますか？　それとも日本に残りますか？

お嫁さんを募集したらなんと
７万人がやってきました
どうして？

「男たちは、待ってくれない！」

「こんな法律を守っていたらお嫁にいけなくなってしまう」

と多くの女性から総スカンをくった法律があります。


それは南アフリカにあるスワジランド王国で二〇〇一年九月に出された法令。

「今後、若い女性のセックスを五年間禁止する」という内容でした。

同法律の中には、
・「処女は青と黄色のふさ（純潔のふさ）を身につける」
・「若い女性が男性と握手するのも禁止」
なんて項目もあったそうです。

背景には、スワジランドで猛威をふるっているエイズを予防する目的がありました。


この法律は破ったら「牛一頭の罰金」という処罰付き。

「牛一頭」は貧しいスワジランドでは大変なことです。

しかし、「女性差別だ」「時代錯誤！」と世界中の人権団体や女性団体が猛反発。

実際問題として「そんな法律を守っていたら、お嫁に行けなくなってしまう」と国民（特に若い女性）から総スカンされました。


この法律の後日談ですが、意外な人が破ったことがきっかけで、事実上呆気なく、廃止されてしまいました。誰だと思います？

それは作った本人です。

このスワジランドは、いちおう立憲君主制国家ですが、国王の権力が強く、実質「独裁者国家」と言っていい国です。

前述の「若い女性のセックス五年間禁止法」もムスワティ国王自身が出したもの。

法律が出されたのが二〇〇一年九月。

しかし同年十二月には、当のムスワティ国王（三十三歳）自身が、八人目の妻として十七歳の少女と婚約して関係を持ってしまったのです。

一夫多妻制なので、奥さんは何人でもＯＫ。

イスラム教国のように「四人まで」という制約もありません。


作った国王自身が破ったことに対し、一番腹を立てたのは若い女性たち。

王宮に大勢押しかけ「純潔のふさ」を投げ捨てて抗議しました。

それを見たムスワティ国王は、あっさりと罪を認め、罰金の牛一頭を払ったそうです。

その日以来、この法律はウヤムヤのまま実質廃止に。

なんだかな、という感じですね。


そのスワジランドで、毎年「リードダンス」といわれる行事があります。

日本でいえばお正月の皇居一般参賀みたいな感じの行事。

国王の姿をみんなで見る機会なのですが、大きく異なる点があります。

それは参加資格は「若い処女のみ」ということ。
その若い娘たちが国王の前でダンスをする日です。
実は、国王から見たら「お嫁さん候補」を選ぶ日も兼ねています。
参加する女性からすれば「国王に見初められる日」です。

参加者の「いつか国王に選ばれて妻となって、贅沢な暮らしが出来る宮殿を一つあてがわれたい」なんて言葉がメディアで紹介されています。
結構女性が好きな国王らしく、二〇一〇年現在では「十三人」の妻がいます。
人口百十万のスワジランドで、二〇〇八年九月一日の「リードダンス」には七万人の「若い処女」が参加しています。かなりの確率ですね。

女性蔑視だ！　と抗議が殺到しそうな行事ですが、事実、世界にはまだこのような「婚活」もあるので紹介しました。

「なるべく年取ってから結婚しなさい」と法で決められているのはどこ？（中国）

少子化に悩む日本では「少子化担当大臣」を政府内におくほど、国を挙げて「出産奨励、結婚奨励」を行っています。

その流れに乗って各企業でも「三人目で百万円、五人目で三百万円（ソフトバンク）」のように、子どもを産むことを制度的に奨励しています。最近では東京都・文京区長が二〇一〇年四月に「男性首長としては全国初」の育児休暇をとったことが話題になりましたね。

ところが日本とは逆に、雰囲気どころか法律の文面でハッキリと「なるべく結婚はしないように。もし結婚する場合でも、なるべく年とってからしてください。また子どもは産んでほしくないし、必要以上に産んだら処罰する」国があります。

それは人口十三・五億人の中国。

なぜ中国ではなるべく結婚してほしくないかというと、ズバリ子どもを産ませないためです。もともと人口が多かった中国。このまま行くと、どんどん人口が増えてしまうため、中国共産党のもとで一九七九年から人口抑制策が取られています。

その中では、一人っ子政策が有名ですね。子どもを妊娠するのも出産するのも「計画」して行い、その人数は一人までという「一人っ子政策」。それ以外にも、なるべく結婚を遅らせ、出産させないようにして人口抑制を図っています。

結婚に関しては、具体的には、中国婚姻法で次のように規定されています。

「婚姻年齢は、男性満二十二歳以上、女性満二十歳以上である。晩婚および遅い出産を奨励すべきこと」

それまでは諸外国と同じように、場所や時代にもよりますが男女共十八歳前後で結婚出来ました。しかしこの法律によって男二十二歳、女二十歳まで引き上げられました。一人っ子政策が実施された当初には、上海地域では男二十七歳、女二十五歳にならないと結婚は許可されなかったそうです。

しかし中国人民の約七割が居住する農村部には早婚の風習があり、この「男二十七歳、女二十五歳」にすると国民の大半が違反者になってしまいます。そのため、その後「男二十二歳、女二十歳」になりました。これでも国家としてはギリギリのラインで、実際には男は二十五歳から、女は二十三歳からの結婚を奨励しています。

各国の法律で、それぞれ「婚姻年齢」は「○歳以上から」と条件が定められているのですが、こうして「晩婚および遅い出産を奨励します。」のように「○○してほしいな〜」という法律は極めて珍しいです。よっぽど子どもを産んでほしくないし、そのために結婚してほしくないんですね。

では、この「年齢に達しても、なるべく結婚しないで」は実際にどんな効力を及ぼしているのでしょうか。もしくは及ぼしてないのでしょうか。

たとえば、その影響を「中国の大学生」で見てみます。日本では、実際にする人がどれくらいいるのかは別として、「学生結婚」は禁止されていません。

ところが中国では、ハッキリと大学側で「拒否」しています。男性は二十二歳なので、通常は大学を卒業する年なので、あまり問題になっていません。問題は女性。大学二年時に二十歳を迎えます。そのため「倫理的に、女子大学生が結婚していいのかどうか」が最近でも大問題になっています。各大学に返答を求めた調査があるのですが、ハッキリと「拒否」の姿勢が大方です。表向きの理由は「学業に専念すべきだ」としながら、多くの大学で「学生の結婚は認めない」と返答しています。校則で「結婚」を禁止していたりします。国から極力させないようと奨励されている若い結婚を、認めるわけにはいかないんですね。もともと一党独裁の国ですから、政府は強い指導力を持っています。もし結婚した場合には、退学など強い処置が可能です。

現在、日本では女性は十六歳から結婚出来ますが、もし全国の高校に「あなたの学校の女生徒に結婚・出産を奨励しますか」とアンケート取っても大方は「冗談じゃない！」と似たような結果になるでしょう。「不純異性交遊禁止」とか「アルバイト禁止」のように、法律とは別に学校側で勝手にルールを決めて禁止することが出来ます。それの大学版という感じですね。

では、出産の方はどうでしょう。特に名高い「一人っ子政策」は、現在どうなっているのでしょうか。経済発展の報道ばかり目立ちますが、現在でも「人口抑制策」「一人っ子政策」はしっかりと続けられています。

厳しく取り締まられていて、もし違反して「二人目」の子どもを産んでしまった場合、夫婦の年収の三倍（三年分の収入）などが罰金になります。平均世帯収入五百万円前後の

ウエディング格言

急いで結婚する必要はない。 結婚は果物と違って、いくら遅くても季節はずれになることはない。

by レフ・トルストイ

日本で考えると「二人目の子どもを産んだら、罰金一千五百万円！」という感じです。すごい金額ですね。

とてつもない金額ですが、それでも非常に高収入な人は余裕があるので払えてしまいます。そのために、さらに二人目以上の子ども産んだら「実名を報道する」「銀行の信用リストでブラックリストとして登録する」などの厳罰化が進んでいます。また密告制度も設け、もし共産党員が違反した場合は「厳罰に処す」としています。違反した会社員は会社が処罰してもよいことになっています。

最近では、中国出身のNBAプレイヤー「姚明（ヤオ・ミン）」の発言が問題視されました。新婚ホヤホヤのヤオ・ミン。あるインタビューで「子どもはバスケチームが出来るくらい（五人）ほしい」と発言したところ「違法行為だ」と大問題に。ヤオ・ミンはアメリカプロバスケットボールの大スターなので、推定年収約四十八億円。そのために罰金も三年分で、もし規定以上に子どもを産んだ場合百四十四億円の罰金になります。「ヤオ・ミンは、百四十四億の罰金を払うのか？」なんて大きく報道されました。

このままだと、中国の人口が加速度的にどんどん減ってしまうなどの問題も指摘されていますが、最近の厳罰化などを見ると、まだまだ人口抑制策は規定方針として、継続するようです。

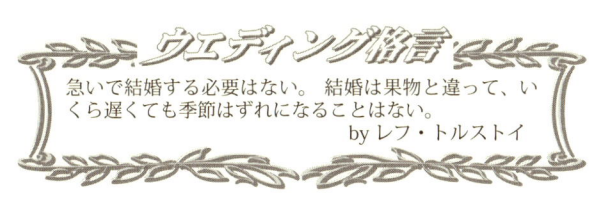

13億人が●●がない人とは絶対結婚しない！

先日、繁華街のネットカフェに入ったら、

「頑張るしかない。でも住（いえ）がない。そんなアナタを応援します。東京都」。

こんなポスターが大きく貼ってました。


貼ってる場所はというと、ネットカフェの男性トイレの壁一面。

思い切り正面に貼ってました。

たしかに人が生きていく上で、そして定職につく上で「定住場所がある」ということはとても大事ですよね。

結婚ならなおさら。

定住場所不定の人との結婚は、さすがに多くの人が二の足を踏むでしょう。


でも、世の中にはもっとすごい国があります。

住所だけでなく「男性が自分で買った家やマンションを持っていなければ、そもそも結婚してあげない。賃貸男子は婚活するな！」という国があります。

それは人口十三億人の、お隣・中国です。

中国では「家をちゃんと買って用意してから、結婚するのが当たり前」という価値観があります。

これはマンションでもいいそうで、大事なのは賃貸ではなく「持ち家・持ちマンション」であること。

日本では、男性が結婚している時に「定職」を持っていることが重視されるように、中国では「家」を持っていることが重視されます。
賃貸男子は問題外。
「持ち家、マンションがない」のは、日本で「定職についていない」と同じくらいの扱いです。

かつて共産主義バリバリだった頃は、中国では結婚すれば国家が二人のために新居を用意しました。

なにせ財産はすべて国家の共有でしたから。

実際に当時は「親元を離れ、家がもらえるから」という家欲しさに結婚する若者で溢れていました。

でも、今は家は自分でなんとかしなくてはいけません。

いくら広い国土があるといっても人口も十三億人とすごいです。

定職についていて、適齢期なのに、「家」がないために婚活のスタート地点にすらなかなか立てない男性が多いとのこと。

逆に親からもらったものだとしても、家さえ持っていれば、かなり婚活で有利になります。

もちろん家がないカップルが結婚しても法律的にはなんの問題もありません。

でも、女性が許してくれない。

実際に各種アンケートでも「家がない男性との結婚はＮＯ」という女性がとても多く、「結婚して一緒に家を建てよう！」ではなくて、最初から持ち家があることが結婚の条件なんです。

また二〇〇九年、日経ビジネスＯＮＬＩＮＥでは中国の婚活状況をレポートした「私が結婚しないのは彼が家を買えないから」という記事がありました。

国によって「結婚の条件」はかなり異なります。

宗教が同じだったり、カーストが同じだったり、血統を絶やさないために子孫を作る能力だったり、星占いで合わないとダメだったり。

そして中国では「家、マンション」を持っていることが非常に大きな条件です。

広く「経済力」の範囲でくくれそうですが、ともかく「家の所有」が非常に大事です。

最近の中国では、結婚するために男性が無理をして家など不動産を買うために、不況にもかかわらず不動産需要を引き上げて値段がどんどん高騰しているようです。

たまに、

「中国の不動産に投資しよう。ここ十年でこんなに値上がりしました！」

なんて特集を見たり聞いたりすることがありますが、ほんとに不動産需要が上がっているというより、婚活のために男性が泣く泣く無理した結果かもしれませんね。

不動産の値上がりは、全体的には中国の好景気・経済成長が牽引してるのでしょうが、婚活男子の頑張りも関与してるかもしれません。

ウエディング格言

家が必要なら、できあがっているのをとれ。 妻が必要なら、できあがったのはとるな。
by ブルガリアのことわざ

女性側、そして男性側の「結婚には持ち家が必要」という観念が薄くなって日本のように「別に賃貸でもいいじゃん」となれば、中国不動産バブルもちょっとは消えるかもしれませんね。

もしそうなったら「中国は儲かります！」なんて投資会社の甘い言葉に惑わされないように、注意が必要になるかも……。

かつて日本で離婚は「出戻り」と言われていたのが、明るく「バツイチ」「シングルマザー・シングルファーザー」と言われるようになったように、社会の雰囲気って意外と十年やそこらでガラッと変わっているかもしれません。

いつか変わる可能性もありますが、まずなにをおいても中国では「家・マンション」を購入することが婚活の条件です。

アフリカ最大の国家スーダンの婚活基準はたった2つ

アフリカ大陸で、最大の面積を持つ国って、どこだか知っていますか？

それはスーダンです。

面積が約二百五十万平方キロメートルあって、日本の七倍ちょっとです。世界でも十番目の大きさ。人口は四千二百万人ほど。立派な大国です。

ここの婚活の最大の武器は、男性・女性共に決まっています。

男性は「牛の数」。

そして女性は「若さと労働力」です。

女性の適齢期はだいたい十五歳頃から。二十歳になると、もう遅く、不利なようです。

一方、男性は年齢は関係なく、またスーダンはイスラム国家のため複数の妻を持てるので「五十五歳になってもう一人妻が欲しくなった。経済的にも大丈夫だし」といった例も珍しくないので、ある意味いつでも適齢期です。


スーダンでは、結婚が決まったら女性側の家族に牛を贈りますが、これが非常に大事。「性格」などももちろん重要な要素ですが、なにより重視されるのが「牛の数」です。

花婿が花嫁家族に贈る牛の平均は牛八十頭ほど（地域などによって異なる）ですが、これが払えないため結婚するのを諦める男性もいるほど。「早く牛八十頭持てるような男になりたい」という感じです。

もし複数の男性から結婚を申し込まれた場合、「牛の数が多い方」で勝負が決まります。

一方女性側ですが、選ばれる基準は、なにより「働き者」であること。

ウエディング格言

よい女房をもらおうと思ったら、ダンスの輪の中から選ばずに、畑で働いている女性の中から選ばなくてはならない。　by プリボイ

外に出ての経済活動はほとんど男性ですが、家の中の仕事があります。水汲み、料理、掃除、子供の世話などが、全部女性の仕事です。日本だと冷蔵庫、洗濯機などの電気製品が普及し、男の一人暮らしは全然問題ないのですが、スーダンだと大変です。なにせ水道がなかったりするので、水も汲みにいかなくてはなりません。これも女性の仕事です。

だから結婚しても、スーダンの男性は「よく働かない、ちゃんと家事をしない女性とは、すぐ離縁する」とハッキリ言っていたりします。

また、すでに結婚している女性の「早く夫に二番目の妻をもらって欲しい」という意見もあります。

イスラム国家なので、複数の妻を同じ家に持てます。「二番目以降の妻が来てくれると、一緒に協力していろいろ助け合えるから家事が楽になる」という意見。

夫の権利として、複数の妻を持つことが共通の価値観として認められている国ですから、必ずしも夫が別の女性と結婚することに反対ではないんですね。

スーダンは内戦がちょっと前まであり、多くの男性が亡くなり、そのため女性側が余っているという背景もあります。

ともかくスーダンでは、男性の最大の婚活は「経済力」、女性の最大の婚活は「働き者であること」です。

同じ故郷だと最初から恋愛感情が沸かない韓国の謎

日本では民法七三四条により三親等以内の血族とは結婚出来ないようになっています。

簡単に言ってしまえば、両親が「一親等」、祖父母が「二親等」、おじさん、おばさんが「三親等」。ここまでの範囲が結婚出来ない枠に入ります。

いとこは「四親等」なのでOKです。

なので、

「自分のおじさん、おばさんと結婚したい！」↓民法の規定でNO！　です。

「いとこと結婚したい」↓こちらはOK。


日本では戦前は７％ほどがあった「いとこ婚」ですが、一九八三年のデータでは1.6％台。

それから二十数年。現在では１％を切っているとのこと。

わざわざ近親者から探さなくても「学校」「会社」などに異性は数多く存在しますから、今ではいとこと濃密な関係になることも少ないようです。避けられる理由は「血が濃くなるから」というのが一般的ですが、文化によって異なるようです。


実際、かつてはちっとも珍しくありませんでした。

有名人だと聖徳太子も直江兼続もナポレオン・ルイ・ボナパルト（フランスの皇帝・ナポレオンの甥っ子）も「いとこ」と結婚してます。最近でも岸信介、佐藤栄作（共に戦後の首相）がいとこと結婚。

現在の有名人だと、二〇〇九年に民主党政権の財務大臣となった菅直人氏もいとこ結婚。

ウエディング格言

恋と結婚は同じ故郷に生まれた仲でありながらほとんど結びつくことはない。 byバイロン

またイスラム教国では血縁を大事にするため、現在の日本とは異なり「いとこ婚」が推奨されているとか。

パキスタンでは55％がいとこ婚というデータもあります。

なにが良しとされているかは文化によって異なるんですね。

「血の濃さ」だけでなく、我々日本人には全く（?）感覚がない、不思議な理由で結婚を避ける国もあります。それが韓国の「姓が同じだとダメ」というもの。

「鈴木」や「田中」などが一緒だとダメなんですね。

正確にいうと「姓」だけでなく「祖先の発祥地（本貫）」まで同じだとアウト。

韓国の民法第八〇九条「同姓同本不婚」によって禁止されていました。

儒教の影響で「いとこ同士の恋愛や結婚は犬畜生にも劣る所業」という価値観がある韓国ですが、それが拡大解釈され「同じ姓と出身地だとダメ」と法律でも最近まで禁止されてました。日本に置き換えると「祖先は北海道出身の鈴木です」「同じく祖先が北海道の鈴木です」はアウト。

「祖先が九州出身の田中さん」と「同じく祖先が九州出身の田中さん」の恋愛もアウト。ものすごく確率が高いと思うのですが、最初から禁止されています。

それは三親等どころか、何十親等も離れていて、かぎりなく他人だとしてもダメでした。はるか昔の祖先の出身地が関係するなんて!? と思いますが、文化なのでしかたありません。そのために若い異性同士が出会った時には、まず「祖先の出身地」と「名前」を確

認するのが礼儀。

何十万と姓がある日本と異なり、韓国の姓は約三百ほどしかありません。だから確率も高くなります。たとえば一番多い「祖先の出身地＋名前」の組み合わせの「金海金」は約三百八十万人。韓国の人口は四千八百万人。十二人に一人は自動的に「法的に結婚不可」の相手です。自動的に「恋愛も不可」です。いくら避けるようにしていても、これだけ数が多いと、中には恋愛関係に落ちてしまうカップルも現れます。

といっても結婚は出来ません。周りからも「犬畜生にも劣る」と大反対。そのためノイローゼになったり心中を選ぶカップルもいたそうです。周囲の反対を押し切って事実婚（同棲）に踏み切っても法的には結婚は認められないので、子どもが不利な扱いを受けたり、税制上の不利益を被るなど、いろいろ問題がありました。

これは人権問題だということで、一九九七年になってようやく韓国の憲法裁判所で「同姓同本不婚」は憲法違反だとなり廃止されました。

代わって出来たのは「八親等以内の結婚は不可」というもの。日本の三親等よりはだいぶ広いですが、それでも大変革です。

法律は変わりましたが、わりと最近まで長く続いた制度ですし、人々の意識には根強く残っているので、今でも「祖先の出身地」「名前」を確認するのは恋愛前の礼儀で「婚活の基本」です。

法律で離婚が絶対に出来ない国の夫婦たちの理想とカナシイ現実
（フィリピン）

フィリピン家族法：第一条「婚姻の定義」
結婚とは、男女が夫婦生活および家庭生活を開始するために、法に従って永遠の結びつきを行う特別な契約である。これは社会制度として不可侵である。

この法律を、作ったのはコラソン・アキノ大統領。

旦那さんが空港で暗殺され、その後マルコス大統領と戦ったことで有名な女性ですね。

大統領をやめたあと、なぜか日本の三洋電機の取締役をしていましたが、二〇〇九年に七十六歳で死去。


この法律にあるとおりフィリピンでは「結婚は不可侵の社会制度」です。

だから離婚制度がありません。

法律上に「結婚」の制度はあっても、そもそも「離婚」制度はないんです。

一度結婚したら一生添い遂げることが義務づけられている、まさに聖域です。


フィリピン女性妻と離婚した日本人男性がいるはずですって？

法律は住んでいる場所によって適用範囲が定まります。

日本人とフィリピン人が結婚した場合、もし二人がフィリピンに住んでいたら事実上アウト。正式な離婚はできません。制度がありませんから。

ただし日本人の方が、日本の裁判所で「離婚判決」を受けた場合のみ離婚できます。

なので、もし離婚したい場合、日本の裁判所で行う必要があります。

それで自動的に離婚成立かというとそうでもなく、さらにフィリピンの領事館に「日本での離婚報告」をしなければいけません。しなかったら「フィリピンではずっと結婚している」ことになるからです。ここまで来てもフィリピンで離婚したことにはなりません(制度がありませんから)。ただ「再婚してもよい」許可が出るだけです。

まるで、この世に「離婚」の二文字は存在しないような扱いですね。

ここまで来ると「結婚を大事にしてる」というより「不自然」な気がします。


それはともかく、通常の「フィリピン人同士」の結婚の場合は、離婚は絶対NO！ です。じゃ、みんな覚悟を決めて一生仲良しで愛し合っているのか？ というと、そうでもありません。日本と変わらず、浮気、不倫、虐待など普通にあったりします。

「生涯続く夫婦愛」って言葉は綺麗だけど、法律で決められて強制されている国です。

代りに出来るのが「別居」です。

これも本人同士で勝手に出来るわけではなく、裁判所に申し立てて「別居してよい」の判決をもらわなければいけません。

申し立てするにあたっての条件がスゴイです。

・相手が自分を殺そうとした時。
・自分もしくは二人の間の子どもに売春行為を強要するとき。
・六年以上の懲役刑が確定した場合。

・アルコール中毒な時。（いずれも、フィリピン家族法五十五条より）
などなど。


すごいですね。

ここまで条件を厳しくして、さらに「申立てあっても、六ヶ月以上待たせてから審理する」なんて規定もあって、どうにかして離婚どころか別居もさせないようにしています。

「自分を殺そうとしている人」と六ヶ月も暮らすのは大変だと思うのですが……。

「なにがあっても、絶対離婚はしたくない、されたくない」人にとってはいいですけど、愛がなくなった夫婦にとっては地獄みたいにならないでしょうか。人の気持ちまで法律で規定されるって結構大変な気がします。

婚活より離婚活動《離活》が千倍は難しい国、それがフィリピンです。

快晴なのに２人で傘をさしていたら結婚間近？傘デートが２人のあこがれ（スリランカ）

「セイロンティー」またの名を「セイロン紅茶」。定番の紅茶ですね。
世界の紅茶生産の10％は、この「セイロンティー」です。
セイロンはインド洋に浮かぶたった一つの島の名前。
一九七二年まで「セイロン」という国でした。
同年に「スリランカ」に国名変更。地理的には「セイロン島→スリランカ」です。
でも紅茶の名前の方は世界的に有名なので、そのまま使われています。
「スリランカ紅茶」ともいいますが、一般的には「セイロンティー」ですよね。
この「紅茶の国スリランカ」の婚活のキーワードは、傘と占星術です。

スリランカは敬虔な仏教徒が多く、五戒を守っていることで有名です。
その五戒とは
①　生き物を殺さない
②　泥棒しない
③　淫らな行為はしない
④　嘘は言わない
⑤　酒、麻薬はダメ
の五つ。
カップルにとって一番引っかかるのは③の「淫らな行為はしない」です。

お見合い結婚が主流な国とはいえ、若者の情熱は止められないもの。
恋愛関係になる若者も多く、彼らの楽しみといえば当然のことですが、恋人とのデート。
でも「淫らなこと」は厳禁です。
「二人きりになりたい」「でも禁止されている」その合間に生まれたのが「傘」です。

公共の場や、公園、砂浜でカップル同士が傘をさし、二人の空間を作ります。

日本の見方からすれば「傘さしてもバレバレ」なのですが、スリランカのカップルにとっては二人のせめてもの空間です。それが「傘の中」。

スリランカでは「傘をさす二人＝カップル」とみんなも分かってるので、あまり見つめたりもしません。それは「のぞき」と同じ行為ですから。

それが唯一の二人の場所。可愛くて健気ですよね。

宗教観もあり婚前のHなどもってのほかです。だから傘の中で手を繋いだり、肌を寄せ合ったりが最大限のカップルの行動になっています。


では一歩すすんで結婚はどうでしょう。

スリランカでは仏教の他に、もう一つ非常に大事にされていることがあります。

それが占星術。

そこでは重要な国家行事日や祝日までも占星術で選ばれています。

毎月の満月の日が祝日（ポヤ・デー）になることでも有名。

結婚を考える二人は、相性などを見てもらい「合う合わない」を調べます。

偶然、相性が合えばいいのですが、ダメな場合もあります。

その時は「占いでダメだったから」と結婚をあきらめたりしてしまうそうです。

主流の「親が決めるお見合い結婚」の場合でも、いくら条件が良くても、占いで合わなければ破談になるほど。

二〇〇九年には、「これから物価があがるだろう」など政府にとって都合が悪い占いをした占い師が警察に逮捕されました。

それだけ占いを信じている人も多く、影響力があるんでしょうね。

占いを信じず、また自由恋愛するカップルが増えてきているとはいえ、まだまだスリランカの若者たちは「傘」と「占い」の二つが婚活の武器なんですね。

第2章
生き物の婚活って残酷だけどステキ

都合の悪い時だけ結婚するミジンコ

「困った時の親頼み」という言葉がありますが、究極の「困った時の結婚頼み」なのがミジンコです。漢字では「水蚤」とも書き、カニやエビと同じ甲殻類です。小学校の授業などで顕微鏡で見た方も多いのではないでしょうか。

他の生物でも「食糧を持ってきてくれるオスと優先的に交尾する」「強いオスに身を寄せる」などはよく見られる光景ですが、ミジンコの結婚は特別です。

ミジンコは顕微鏡で見るイメージが強いせいか、肉眼では見ることが出来ない印象がありますが、一～三ミリ程度のものが多く、確かに小さいですが、普通に肉眼で見ることが出来ます。捕食性のミジンコでは一センチになるものもいます。

種類の見分け方は「バタフライで泳ぐのがミジンコ」「犬かきで泳ぐのがケンミジンコ」「自由形がカイミジンコ」。

繁殖方法ですが、メスのミジンコが自分と同じクローンを作り出す単為生殖が普通です。交尾したり、他のミジンコに接触する必要はなく、どんどん自分と同じ遺伝子を持つクローン・ミジンコを作ることが出来ます。その、すべてがメスです。

卵から孵ったミジンコは、その時点で成虫とほぼ同じ大きさで、直接発生をします。水温や餌など条件がいい場所だと、どんどん繁殖し、大発生することがあります。なんだかすごいですね。

では、どういう時にオスミジンコと結婚するのでしょうか。

それは、水温が低下したり、水質が汚染したり、水そのものがなくなりそうだったり、

ウエディング格言

女の最大の欠点は男のようになろうとすることにある。
by メストル

餌が不足して「もう生きていけない」時です。

そんな身の危険が迫った時だけ、オスと結婚（交配）します。オスと交配したときの卵だけ、卵の殻が厚くなり耐久卵になります。この耐久卵は乾燥などにも耐え、すぐ孵るのでなく、条件が良くなって初めて孵化します。交配のメリットとして、よく「遺伝子の混ぜ合わせ」が言われますが、ミジンコの場合は交配したときだけ「別の卵（耐久卵）」が作れるんですね。

では、普段オスのミジンコはどこにいるんでしょうか？　危機に備えて、ごく少数だけ生存している……？　ちがいます。

普段は完全にメス100％です。それが危機を認知してオスと交配したくなったら、さっそくメスがオスになる卵を産むんですね。そこから孵ったオスと交配して耐久卵が生み出されます。

金魚の餌などに、ミジンコの繁殖をしている人は多いのですが、餌にする目的ですから通常良い条件で通常繁殖させるため、なかなかオスは見つけられないそうです。

「ミジンコ繁殖して一年たって、はじめてオスを見た。これはなにか危険なサインだから水槽の環境を変えてみよう」なんて、本などにも書いてあったりします。

誰かが結婚していれば必ずあなたも結婚出来るアメフラシ

頭がオスで、背中がメスの生き物。それがアメフラシ（雨虎、雨降）です。

海の妖精・クリオネに近い仲間で、日本近海にもたくさん棲む生き物。

ただしクリオネみたいに小さくも可愛くもなく、約二十センチ〜三十センチくらいの巨大なヌメヌメした生き物です。


お菓子のグミを巨大にして、ちょっと気持ち悪く紫色にしたような生き物がアメフラシ。

アメフラシは、誰かが結婚していると、ご相伴にあずかって一緒に結婚出来ることで有名です。それは特殊な身体の構造から来ています。

アメフラシは雌雄同体で、頭にオスの生殖器官があり、背中にメスの生殖器官があります。そのために、交尾は、頭のオスの生殖器官を別のアメフラシの背中（メス）に差し込むというもの。交尾中に背中のメス部分は空くので、そこに別のアメフラシの頭のオスが差し込まれて……と延々と続きます。

フォークダンスのジェンカのように、どんどん縦一列に数珠つなぎに繋がっていき、交尾をします。こうした交尾の方法は「連鎖交尾」と呼ばれます。


一匹が産む卵の数は数万個。

産卵の時期に磯に現れ、海草や岩礁などに細長い麺状の卵塊を生み付けます。

これは「海素麺」と呼ばれ、千葉県、島根県、鹿児島県などで料理されて食べられています。郷土料理の一種なので、みんなで結婚したアメフラシの卵とは知らずに、なんとな

ウエディング格言

あらゆる真面目なことのなかで、結婚というやつが一番ふざけている。 byボーマルシュ

く出されて食べている可能性があります。

またこんな生物もいます。

それは「男だったら、確実に十五人程度の女性と結婚出来るけど、この世に生まれてでてくることはない」という不思議な生き方をするダニ（Acarophenax）の一種です。

このダニは母親の体内で卵が発生し孵《かえ》ります。その時の男女比はオス一匹に対し、メス十五匹程度。母親は一緒なので、全部兄弟姉妹です。

そのオス一匹が、姉妹にあたるメス十五匹と交尾をするのは母親の体内の中。

そしてオスの精子をもらったメスは母親から生まれてくるのですが、オスはもう必要ないので、そのまま母親から生まれてくることもなく、死んでしまいます。

「男だったら、確実に十五人程度の女性と結婚出来るけど、この世に生まれてでてくることはない」とは、そういう意味です。

オスの生存時間は極めて短く、姉妹と交尾する間の極めて短時間だけ生きて、そのまま世に出ることなく死にます。こうした生き方が幸福なのか、不幸なのかは誰にも分かりません。

完全に寄生虫！ メスの体内で生き血をすすり生活するアンコウ

「ヒモ」という言葉をインターネットの百科事典・ウィキペディアで引いてみると「女性を自分の魅力で惹きつけ、女性に経済的に頼る男性のこと。家事の分担の多くを受け持つ主夫とは異なる」と記述しています。

我々にとって名前に馴染みがある生き物の中で、一番「ヒモ＝なにもしない」にかぎりなく近い生き方をしているのはアンコウではないでしょうか。

そう、アンコウ鍋などで有名な、アンコウです。

アンコウの種類はたくさんあるのですが、「ビワアンコウ」「ミツクリエナガチョウチンアンコウ」などの数種のオスが、結婚した後は完全にヒモ生活を送ることで有名です。

それも「エサを取ってこない」とか「あまり動かない」とかいうレベルではなくて、生まれた時は別々の個体ですが、婚活に成功して結婚した後は身体ごとメスに吸収してもらい、その後はメスの体内でほぼ溶けた状態で生きていくのです。

オスはメスの体内で「100％ヒモ」として人生ならぬ魚生を生きていくので、外を見ることは二度となくなります。だから目は消滅。

やがて自発呼吸すらやめて、完全にメスの体内で栄養をもらうだけの存在になります。

自分では目も見えないし、自力呼吸すら出来ない存在。

アンコウは深海魚の一種で、種類にもよりますが数百メートルの深度に棲んでいます。

生物の密度は極めて低く、だからオスとメスが出会うのは大変で、滅多に会えないため

に一度出会ったら「即結婚」を狙います。特にオスはメスを見つけ次第、噛みつきます。だって一生養ってもらえるかどうかの瀬戸際ですから。

噛みついたら絶対に離さずに、身体が溶けて融合する物質を出して、二匹の身体の融合を進めていきます。

身体の大きさはオスが一だとしたら、メスは二十ほどもあったりします。

人間でいえば身長十センチの男子と身長二メートルの女子という感じですね。

それもこれもメスの体内に寄生して、吸収してもらって生きるため。

同じ大きさだとメスの負担は大変ですが、このくらい小さいと「まあ、いいか」となるんでしょうか。

大きいメスの個体だと、何匹ものオスがくっついて融合してる場合もあるそうです。

結婚後は、もう個体というよりほとんど雌雄同体。

オスの身体から「目」「内臓」などはなくなっていきますが、最後まで残るのが「精巣」。

他の機能がなくなっても、この精巣だけはむしろ結婚後に大きくなり、機能を果たすそうです。ますますもって「ヒモ」ですね。

メスの身体に精子を提供するだけのために生存（？）しています。

こうした生き方は極端に見えますが、エサが少ない深海の世界では、理にかなっている面もあります。

深海ではオスが食べるだけのエサは充分にはありません。

だったら同じ身体になるのは一つの手というわけです。

普通のオスとは別に
セックス専門のオスがいます
ハゼ

チャラ男という言葉が出てきたのは、いつくらいなんでしょう。

ピアスに、金髪メッシュ、なよなよとした体でふらふらと歩いています。

ナンパに精を出し、軽いチャラチャラした言動で「チャラ男」。

昔から軟派・硬派という分け方でタイプとしては存在しましたけれど、一種のキャラとして認知されたのはここ数年ではないでしょうか。チャラ男本人は「遊び」が中心で、婚活相手にはほど遠いですし、自分は婚活してるなんて意識もおそらく全くないでしょう。

でも、生き物の中では、この「チャラ男」が最大の婚活になっている生き方があります。


それはハゼの一種。アメリカの五大湖に住むハゼの一種には、同じ種族なのに「チャラ男」と「普通の男」の二種類のオスがいることが二〇〇九年に発見され話題を呼んでいます。

普通のオスに比べ、チャラ男オスはなんと体格が半分。

そして色白でナヨナヨとしています。一見するとメスのよう。

しかし体は半分ですが、なんと精巣は大きく、精子の数は普通オスより多いほど。

このチャラ男オスは、メスに偽装して巣に入り込み生殖行為だけして逃げます。

なんとすごい！

普通のオスも生殖行為をしないわけではありません。

ちゃんと求愛行為もするし、メスをひきつけるフェロモンだって出しています。

でも、こうしたチャラ男オスに負けてしまうこともしばしば。

じゃ、全部のオスがチャラ男になればいいじゃん、というとそうでもありません。

メスの巣に入り込むために、偽装するため体が半分だったりすることは他の魚に食べられる危険性も高いということですから、生存可能性や力強さなどでは負けるでしょう。
でも、婚活的には大有利な存在となっています。
そっと巣に入り込み、やるだけやって逃げ、自分の遺伝子は残せるのですから、生き物の「婚活」で言えば、大成功の部類です。
もとはカスピ海のハゼの一種で、船などで運ばれアメリカの五大湖に来たようです。

大成功の証拠として、他の魚と比べ、このハゼの一種は現在大繁殖しています。

同じ種類の中で「チャラ男オス」「普通オス」という二種類がいることで、選択がひろがります。そして生存競争でどんどん勝ち残り、数が増えていきます。

日本の新聞系報道などでは「間男ハゼ」なんて書かれていました。

まあ、実際そんなですけど。


人間の世界ではチャラ男キャラが「婚活」に有利ということは現状ほぼありません。

一部の女子にはもてるでしょうが、遊びはともかく結婚には向かないと思われています。

でも状況によってはこのハゼのように「チャラ男的生き方」が一番の婚活になる時代が来るかもしれません。意外と時代の価値観って、どんどん変わってくるものですから。

今、不景気の影響なのか「弁当男子（弁当を自分で作って持ってくる）」「水筒男子（ジュース代節約のため水筒持参）」などが「しっかりしてる」と前向きに評価されています。

それと同じで、チャラ男も最大の婚活になる！　……かも。

不死生物なのに、たまには結婚しないと死んじゃうよ ゾウリムシ

ゾウリムシは、その名の通り「草履《ぞうり》」に形が似ているから付けられた名前です。そのゾウリムシ。単細胞生物で、分裂しては、そのまま生きていく姿勢から「不老不死の生物」だと言われています。たしかに、不老不死と言えないこともないのですが、実は「たまに結婚しないと死んじゃう」ことが分かっています。

ゾウリムシの分裂ですが、実は出来る回数が決まっています。状況や種類などによりますが、六百回〜七百回程度の細胞分裂が限界で、それ以上は分裂出来ません。あまりに使いすぎて、細胞内などが傷ついてしまいますんですね。

ある程度分裂すると、それ以上は分裂出来ないので、死を待つだけになります。六百回も自分が分裂出来るなんてすごいように思えますが、条件さえよければ分裂が始まったらたった十五分程度で二匹になれるゾウリムシ。最適な条件なら月五十回程度分裂出来るそうです。六百回なら一年ですね。

ある回数以上になると、分裂出来なくなり、やがて死んでしまう。

では、どうするか。死ぬ前に結婚することで、また新たな人生（?）を始めるそうです。

ゾウリムシにも性があります。他の生物と異なりオス・メスという形ではありませんが、ちゃんと自分とは異なる性（接合型）のゾウリムシと結婚（接合といいます）して、新しく生まれ変わります。

ウエディング格言

結婚は顔を赤くするほど嬉しいものでもなければ、恥ずかしいものでもないよ。　by 夏目 漱石

よくゾウリムシには性が三つあるとか、それ以上あるとか言われるのは、この接合する時の型の種類です。

接合の方法は、異性（別の接合型）のゾウリムシ同士がくっつく↓二匹のゾウリムシの中身が合体し、混ざって融合する↓融合した後に中身が新たに二つに分裂し、新ゾウリムシが二匹誕生。という感じです。

新しく生まれ変わり、分裂可能回数のメモリはゼロからスタートし、不死のサイクルが最スタートという訳です。

接合して、新しく生まれ変わったあと、五十回ほど分裂する間は「性的未成熟段階」で、接合が出来ないことが観察されています。生まれてから結婚可能な若者になるまで、ゾウリムシでも一ヶ月（五十回の分裂）はかかるんですね。それまでは結婚（接合）の資格はありません。ゾウリムシの子ども時代は一ヶ月といえましょうか。

約五十回分裂したあとは接合が出来るようになり、分裂が不可能になる数百回程度までのどこかで、自分とは別の性（接合型）の相手と文字通り一体になって結婚し、さらに別れを経るゾウリムシ。

たまに結婚すれば永遠に生き続けられる。なんだかいいですね。

オシドリ夫婦の実体は浮気者の性欲鳥

いつまでも仲良い夫婦の代名詞ともされるオシドリ。

でも、実際のオシドリの夫婦は全くそんなことはありません。

オスは子育てなんて全然しないし、そもそも夫婦といいながら毎年パートナーを変えています。なんでそんな勘違いをされたのでしょう。


オシドリはカモの一種です。好物はドングリ。

オスの羽色が華やかなのが有名。

オシドリ夫婦の由来となったのは繁殖期である五～六月にとる、ある行動です。

それは夫婦がいつも一緒にいること。

繁殖期の前になると、一匹のメスの回りに数羽のオスがまとわりつき、鮮やかな羽を広げ見せびらかして選んでもらえるようにアピールします。

その中からメスはオスを選びます。見た目だけで、決めるんですね。

そして交尾するまで、せっかく手にいれたメスを他のオスに取られないように、がっちり見張っています。


交尾した後にタマゴを九～十二個位産むのですが、これを孵《かえ》すのは大変。

ずっと温めていなくてはいけないし、他の鳥や動物に食べられないように見張っていなければいけません。

タマゴを温め続けること約一ヶ月。

このタマゴを温める作業は大変なのですが、メスが全部行い、オスは近くで見守っています。

メスにとっては自分の分身ですし、オスにとっては自分の遺伝子を残す大事な存在。

ヒナが親離れするのは羽化後約四十五日ほどです。

その間もヒナが危険や他動物から狙われないように、どうしてもオシドリの両親は近くにいなくてはいけません。

しかし、親離れしたあとは夫婦は完全に解消です。

オスによっては交尾した直後、タマゴを産んだら即、という感じでメスの側を離れて、次のメスオシドリを探しに行く剛《ごう》の者もいます。

繁殖期は毎年訪れますが、毎年パートナーは変わります。

つまりオスとしたら「交尾していいわよ」というメスを逃がさないために側にいて拘束。

タマゴは、自分の遺伝子を残す大事な存在なので、他の動物の餌食にならないように見張っている。用がなくなったら、さっさと別のメスを探す。

メスとしても、自分の子ども（遺伝子）を残すために、オスがいてくれた方が便利。

そもそも自分一人では繁殖出来ないし、子離れしたらオスは用なしなので、離れていって結構。こんな感じでしょうか。

繁殖期のオスとメスの求愛行動。そして交尾、タマゴ温め、子離れ、の計数ヶ月はいつも一緒にいるので、その姿を人間が見て勘違いして「オシドリの夫婦に愛がある」「いつも一緒にいる」→「添い遂げる」「オシドリ夫婦」なんて観念が生まれました。

「子ども」という遺伝子を残し、財産《子ども》を守るために、利益で結ばれた欲づくの二人という感じでしょうか。

婚活がらみで言えば、メスは婚活をする必要はあまりありません。

繁殖期になれば、たいていのメスの回りには「やりたい」オスが勝手に集まって「俺を選んでくれ～」と羽を広げて騒いでいますから。

オスの立場からいうと、ずばり見た目です。

求愛行動の時にいかに目立つか。選んでもらえるかで、かなり勝負はつきます。

なんだか味気ないって気がしますね。鳥には長続きする夫婦の愛などはないのでしょうか。

でもそうでもありません。

たとえば「鶴」。

「鶴は千年、亀は万年」はオーバーですが、実際に鶴は長生きで六十年位寿命があったりします。

一度夫婦になったら生涯仲良しで、どちらかが死ぬなどの事情がないかぎり、ずっと寄り添って生きています。死に別れはあるけれど、離婚はほぼゼロ。

ウエディング格言

ずいぶん敵を持ったけど、妻よ、お前のようなやつは
はじめてだ。　by バイロン

鶴は渡り鳥なので、日本とシベリアなどを季節によって行ったり来たりしますが、パートナーが怪我をして渡りが出来ない時などは、たとえ群れがみんな渡ってしまっても、パートナーが治るまで待ち、一緒に渡るそうです。

鶴に単身赴任はないという感じでしょうか。

餌や温度の関係で生存の危険もありますが、それよりもパートナーを大事にする気持ちの方が強いんですね。これはオシドリの打算と比べて、かぎりなく「愛」という感じがします。どうしてなんでしょうか。次のパートナーを探すのが大変とかなんでしょうか？

オシドリと鶴、同じ鳥ですが、こんな風に全然異なります。

どちらの方がよりよいというのはなくて、環境やそれぞれの生活パターンの中から生み出された知恵でしょう。

鶴型でもオシドリ型でも、これは善悪ではなく、それぞれの生き方で、よく出来ていますよね。

恋愛でも婚活においても戦いと同じく「敵を知り、己を知れば、百戦危うからず」といったところでしょうか。

結婚の条件は
今のパートナーを殺すこと
クマ

日本に住む最も大きい野生の哺乳類は、なんだと思いますか？
最大で体重は五百キロ程度。元横綱・朝青龍の三〜四倍近く大きい動物です。

それはヒグマ。
アイヌの人々はヒグマを山の神として祀っています。
また現在でも、ヒグマはキタキツネと並んで北海道観光のマスコット的存在。
みなさんも木彫りのクマをお土産にもらったことはありませんか。

登別には観光施設「クマ牧場」があって、そこではヒグマに芸を教え込んでいます。
巨大なクマが、実は野生では凶暴なのは有名ですが、それと並んで有名な婚活方法もたまにテレビで映像が流れています。残酷なので、あまり頻繁には流れませんが。

それはズバリ「子グマを殺すこと」です。
クマの交尾期は六〜七月頃。
夫婦という観念はなく、雄グマは複数の雌グマと交尾します。
夫婦という関係性はないので、雌グマは自分で出産し、自分で育てます。
父親は交尾だけするので、育児生活の中には存在しません。

この交尾期・発情期に雄グマは子連れの雌グマと出会ったら、激しい婚活をします。

それは自分をアピールすることでもなく、エサを持って来ることでもなく、ただ「雌が連れている子グマを殺すこと」。弱い雄グマを排除して、自分が雌グマと交尾することもあります。

子を殺されたら、雌としては子を残せません。そこで、その雄グマと新たに交尾するんですね。もちろん雌グマは子グマを殺されるのはイヤなことなので、子を連れている時は、雄に対して非常に警戒し、また攻撃的になっています。ただ黙って見ているわけではありません。

しかし、見つかってしまった場合「雄を攻撃して逃げ切ろう」「あきらめて新しい雄を迎える」のどちらかを状況によって選択し、従っていると思われます。

子グマが大きく、もう親離れ寸前なら、雌にしてみればある程度大きくなった財産ですから「子グマを守る」方に傾き、それこそ生まれたばかりなら、雌としてはまだあまり投資していませんから「あきらめて新しい雄を迎える」方に傾くなど、ケースバイケースで行動しているようです。

同種の子供を殺す。

そうすれば、お母さんに当たるクマが交尾してくれるから。

こんな婚活（？）もあるんですね。

実はこうした理由で子殺しする動物は珍しくはありません。

ツバメもしますし、あの癒しの生き物とされているイルカでもこうしたことは有ります。イルカの場合は、子イルカを殺して単に交尾するだけでなく、逃げられないように一匹の雌イルカを雄イルカが取り囲み、長い間集団で輪姦するというすごいこともやっているようです。癒しの動物として人気なので、イメージを壊さないように、そうした姿はほとんど紹介されませんが。

人間の婚活では、「相手の家族を殺す！　そうすれば寂しいから結婚してくれる」なんてのは問題外でしょう。第一、殺人罪で捕まってしまうのがオチ。


もちろん、動物界でもそんな婚活ばかりではありません。

全く逆の生態も存在します。

たとえばペット猿として日本でも人気のコモンマーモセット。

体重三百グラム程度の小さい手のひらサイズの可愛い猿です。

そのコモンマーモセットは一夫一妻制。

子育ては集団で、みんなで行います。

子ザルはみんなの宝という感じで、ちゃんと夫婦関係は守りながら、親が忙しい時は他の猿がおんぶしたり、エサをあげたり。みんなで仲良くかわいくすごしています。

誰でもＯＫ
ただ顔の向きだけで
結婚相手を決めるカタツムリ

「運命の人に出会いたい」という人は多いですが、出会った人（？）ほぼすべてが運命の人なのがカタツムリです。

カタツムリは、陸に棲む巻き貝の一種。虫の一種なんだかそうなんだか、よく分かりにくいですが、実は「巻き貝」です。サザエやアワビなんかの仲間なんですね。

カタツムリは日常の言葉で、生物学的に厳密な定義はなく、いろんな生物分類の科が混じっているそうです。一口にカタツムリと言っても日本だけで八百種以上も存在します。ちなみにナメクジも、実は元は巻き貝だったのが、陸に棲むうちに殻を退化させてなくなったものです。貝って海だけでなく、陸上にも棲めるんですね。

ただし元が貝ですから、乾燥にとても弱く、外の状態が乾燥していたりすると殻口に粘液の膜を張り、あたかもセロファンのようになります。乾燥は防ぎますが、ごく小さな穴も開いていて窒息しないようになっています。この膜は「エピフラム」といいます。

ところで、ほとんどのカタツムリは、雌雄同体です。自分の中に生殖器を準備しておく場所があって、その中にオスの生殖器もメスの生殖器も収納されているんですね。カタツムリは群生するわけでもなく、また移動スピードも非常に低いので、なかなか交尾相手に出会えません。

だから、どうしても相手に出会えない時には、自分で自分に受精して卵を産むことも出来ます。ちょっと気持ち悪い気もしますが、それも自然の摂理、カタツムリの知恵です。

ただし自家受精の場合は、卵の量も少なく、卵の質も悪いので、なるべくなら別の個体を交尾する方を求めます。

別の個体と出会うチャンスは、なかなかないことですから、それだけで運命の人です。場所によっては、たくさん居るように感じるカタツムリですが、いろんな種類が混じっていて、同じ種のカタツムリと出会う機会は、実際はそう多くはありません。

運良く同種のカタツムリと出会うと、それはもう運命の出会いと言ってもいいのです。幸い、オス・メスは関係ありませんから、わりとすぐに交尾が始まるのですが、交尾は非常に長いことで有名。一～二時間はザラです。

交尾で、どちらがオスになるか、メスになるかですが、実は交尾中はどちらもオスになります。それぞれがオスになって、自分の精子を相手の身体のメスの部分に置きます。「置く」と書いたのは、カタツムリの場合は精子を直接入れるのではなく、精子の入った袋を、相手の中に置いてくるからです。ちょっと珍しいですね。

そして交尾後は、お互いにメスになって、それぞれ卵を産みます。夫婦（?）で一緒に育てるとかはありません。条件がよさそうな土などに三十～五十個ほどの卵を産み付けて子育ては終了です。

あとの運命は子ども次第……。

ところで、なかなか出会いが少なく、いざとなったら自家受精まで行うカタツムリですが、実はせっかく出会っても「残念ながら運命の人」になれない場合があります。

それは顔の向きというか、貝の巻き方向です。巻き貝なので「右巻き」と「左巻き」があります。生殖器の位置の関係で、同じ「右同士」や「左同士」なら交尾は上手くいきますが、「右と左」など巻き方が異なる場合は、交尾は非常に困難。

せっかく数少ない出会いなのに、交尾が事実上ほぼ出来ない構造になっています。勿体ない！　そんなことにならないように、カタツムリの種によって「右巻き」か「左巻き」かだいたい決まっていますが、それでも逆に出ることもあるそうです。

日本の場合、多くの種類が「右巻き」とのこと。ただヒダリマキマイマイなど、その名の通り全部が左巻きの種類もいます。

結婚相手がどんな人なのかは気にしないけれど、向いている方向は大事。

こんな感じの生き方を貫いているのがカタツムリです。

第3章
古今東西 各国恋愛事情

Hの仕方が分からない！ドイツの「エッチ専門学校」では、何を教えてくれるのか

よく雑誌に「この中から処女を探せ！」みたいなコーナーが昔ありましたよね。逆の男性版の「童貞を探せ！」がないのは、処女はまだ価値が認められたりしなくもないのですが、童貞には否定的な意味づけがされてしまうことが多いからでしょうか。実際にHをしたことある人の統計を取ってみると、中学生だと経験者は5％以下（95％は未経験）。高校生で約三割、大学生で約六割が体験を済ませているそうです。中学高校大学とどんどん率が上がりますが、実はその後はあまり上がりません。近頃、流行の草食系男子の影響か分かりませんが、三十〜三十四歳の未婚者で「男性の三割、女性の四割」が未経験者というデータもあります。意外に多いんですね。世界的なコンドームメーカーのデュレックスの調査を元に、世界中で「処女、童貞」がおよそ何人いるのか計算したところ、約十六億人が処女、童貞だそうです。この中には赤ちゃんも含まれますけれど。

自信を持って「結婚するまで私は純潔！」という人は別にして、意外に「経験ないのが不安」という人がいます。特に男性の場合「童貞」は否定的な意味づけがされていますから、それがコンプレックスだったりします。

実際に日本でも数例「婚約後に男性として役にたたないから」と女性から訴えを起こされ、婚約解消の判決が下った例があります。一体、どこでHは学べばいいんでしょう。

江戸時代なら年頃になると、若者宿に入り、出会いが半ば強制的に決められていたり、それこそ男宿衆では、年上女性による実際に手ほどき（筆おろし）もあったそうです。

ウエディング格言

結婚したらいろいろ分かってきますよ。いままでは半分謎だったことが。 byモーツァルト

でも今はちゃんと「性」を教えてくれるところはありません。

恋愛弱者、素人童貞・処女の誕生ですね。


でも、世界にはあったんです。ちゃんとセックスを教えてくれるところ。

ドイツ・ベルリンにある「アモーラ・セックス・アカデミー」。

手で触ると声で「そこいいわ～」とそこが性感帯かどうか教えてくれる等身大マネキン。

ムチで打つと、気持ちいい場所だと点数で教えてくれるSMマネキン。いく時の顔写真展など五十以上のアトラクションが自慢です。このアカデミーはロンドンにもあるそうです。

いろんな意味ですごいですね。運営は大手「大人の玩具」会社のベアテ・ウーゼです。


これらはヨーロッパだけではありません。

あの中国でさえ、最近「H専門公園」が計画されて話題になりました。

それは中国重慶市の「性公園（ラブランド）」です。

二〇〇九年十月オープン予定で、当初は「エイズ予防に役立つ」「中国人のタブーを打破する」「前衛的」と評価されていました。

しかし、建設した「高さ一メートルの男性生殖器模型」「巨大Tバックの像」などの画像がネットに流れ、「人民を誤った方向に導く」と建設中止の憂き目にあいました。

二〇〇九年五月に取り壊され、問題の模型や像は撤去されたそうです。

世界中にこうした施設は広まるのでしょうか。

結婚式で酔っぱらった兄に代わり、急遽弟が結婚

「棚からボタモチ」とは、こういうことを言うのでしょうか。もしくは「晴天の霹靂」か。

二〇〇七年、インド東部ビハール州での出来事です。

新郎が結婚式当日に、嬉しさのあまりお酒を飲み過ぎてしまい、泥酔状態で結婚式場に登場。それを見た新婦側の親族が「あんな酒飲みはダメ」だと新郎を結婚式場から追い出したそうです。

その場で「代りにうちの娘と結婚してくれないか」と持ちかけた相手は、なんと新郎の弟。弟は「はい、喜んで！」とすぐに言ったかどうかは分かりませんが、その場で了承したそうです。めでたくそのまま十代の新婦と結婚式に突入。

参列者の心境は複雑だったでしょう。それとも笑いをこらえていたのか。もしくは兄を可哀想に思っていたのか……。

その後、事情を確認した警察当局の談話が出ています。

「泥酔した新郎は、自分の愚かな振る舞いについて反省している。また『噂がひろまってしまい、自分のところに誰も嫁に来てくれないんじゃないか』と泣いている」とのこと。

親の決めた相手と結婚することの多いインドならではの話ですが、さすがにこんな珍事は滅多になく、広く話題になりました。


このような、兄弟や姉妹、または双子の「意外な結婚」を集めてみました。

まずは「双子同士の結婚」。イギリスで二〇〇八年、小さい頃に生き別れた双子の男女が、そうとは知らず出会って恋に落ち結婚。お互いに養子に出されたので書類上でも誰も気づ

かず本人たちも知らず、結婚してしまったんですね。
後になって産みの親が、それぞれ養子に出した二人が知り合い、結婚したことを知り、ビックリ仰天、そして発覚しました。
そして裁判になり、本人たちは愛し合っていたものの「近親婚」ということで結婚が無効になりました。悲劇ですね。この事件をきっかけに「養子に出された子どもの出自を知る権利」が叫ばれるようになりました。

逆に大勢の人から祝福された（？）「双子姉妹と同時婚」なんてのもあります。

二〇〇六年、タイ。新郎はタイ中部サムトサコーン県の中古品販売業を営むウィチャイさん（二十四）。ウィチャイさんは自宅前を通り、高校に通っていた双子姉妹に一目惚れ。そして二人に声をかけ交際がスタートしました。デートもいつも三人。喧嘩したこともないそうです。

「姉は美しく、妹はかわいい。どちらか一方を選ぶことは出来ない」と、数年後に姉妹双方にプロポーズ。なんと「ウィチャイさんは働き者で誠実」と二人共がＯＫ。二十二歳の双子の新婦と二十四歳の新郎は三人で暮らし始めたそうです。

法律的に重婚が認められないために、婚姻届けは出しませんでしたが「美人双子姉妹と同時に結婚」と大きく話題を呼びました。

昔、日本でも「異母なら兄弟姉妹でも結婚」はＯＫでした。

実際に、聖徳太子のお父さんとお母さんは（異母）兄弟姉妹。日本最初の女性天皇「推古天皇」も、兄（異母兄）の「敏達天皇」と結婚しています。

恋愛は「病気」だったヨーロッパ

かつて、日本でもヨーロッパでも「恋愛感情」は「病気の一種」でした。

まずヨーロッパです。

キリスト教が広がるにつれ、性的な純潔が美徳とされ、それに伴って「恋愛」や「男女の交わり」が神様が推奨する「神聖な結婚」と相容れないとされました。

「神聖な結婚」はＯＫだけど「自由恋愛」はいけないものという論理です。

当然、自由な性交渉は認められないことで、認められるのは「夫婦間の生殖目的の時のみ」という、なんだか味気ないものでした。

とにかく「快楽」や「恋愛」はいけないこととされてしまったんですね。


といっても、現在と同じく特定の人を好きになることは当然あります。

しかし、それは病気扱いでした。

実際にドイツでは恋愛感情に基づいた結婚でさえ教会により違法とされていた時期があります。

とにかく「恋愛は禁止」させたかったようです。すごい世界ですね。


その流れがちょっと変わったのが十二～十三世紀のフランス。

病気でない「恋愛感情」が発見されたのです。

それが「誠実な愛」またの名を「まことの愛」でした。

相変わらず「恋愛は野蛮なもの」「恋愛感情は病気」とされていましたが、恋愛感情を

うたいあげる叙情詩人たちが登場したのです。

といっても現在と同じ「自由恋愛」ではなく、詩のメインテーマは騎士が身分の高い既婚女性（貴族）に身を捧げること。それもあくまでプラトニック。

武士たちが「お殿様のために……」と命を捧げるのと一緒の感覚です。

ただ、それがたまたま「騎士」が「貴族夫人」を対象にしたので、「愛」と名がついたのですね。

騎士たちも、別に貴族夫人たちと不倫関係を結ぶのが目的ではなく、あくまでプラトニックなもの。

だから関係も一対一の男女関係ではなく、女性一人に対し男性複数が普通。

現在でいえば「アイドル」と「CDを買って支える男性ファン」みたいな感じでしょうか。相手が自分のことを知っているかさえ微妙です。

当時のヨーロッパは国と国の激しい闘いの毎日でしたから、支配階級の貴族（貴族夫人含む）のために死ぬ騎士たちを持ち上げたものだったので、許されたのでしょう。当時としてはそれでも目一杯の表現でした。

しかし、気持ちの上だけにせよ「特定の異性のことを考える」というのは当時としては斬新でした。なにせ禁止されていましたから。

よく「恋愛は十二世紀のフランスで発明」みたいに言われることがありますが、このことを指します。

いずれにせよ肉体関係も、実際の婚姻関係もなく、限りなくプラトニックなものでした。

この発明された「恋愛」はその後、どんどん発展し形を変えていきます。

別にホントに「恋愛感情」がそれまでなかったわけではなく、宗教の影響などでムリヤリに人間の感情に蓋をしていただけなので、あっというまに「自由恋愛」になりました。

さらに時を経るに従って、恋愛はどんどん男女のゲーム的な要素が強くなっていきました。

十二世紀に発見された時は「恋愛」はあくまでプラトニックなものでしたが、『悪貨は良貨を駆逐する』の喩え通りに（いや、むしろ逆?）、実際に騎士と貴婦人たちが通じて肉体関係を結ぶ「情事」になっていきました。

それが一般庶民にも広がり現在と同じような「特定の異性を好きになる」という形での「恋愛」になり、広がっていきました。

実際には身分制度などもあり、恋愛感情だけで結婚したりすることは難しかったようですが、それでも「恋愛」というものがあるんだということは広く認知されました。

ヨーロッパのことを書きましたが、実は日本でも同じような道を辿っています。

「源氏物語」に描かれているように、かつての日本は恋愛に鷹揚《おうよう》でした。

その風向きが変わってきたのが中世になり仏教の影響が強くなってきてからです。

なぜかというと仏教では「女犯」がいけないこと（不淫戒）とされ、そのために恋愛を危惧《きぐ》していたからです。

また、特定の異性をえり好みすることにもつながる「恋愛感情」は、当時支配的だった

ウエディング格言

結婚とは、熱病とは逆に、発熱で始まり悪寒で終わる。
byリヒテンベルグ

家制度・身分制度の否定にもつながりかねない問題だったからです。「士農工商」としっかり身分が守られていればこその体制維持ですが、男女の恋愛を認めてしまうと、どんどん垣根が壊れてきますから。

それで、愛し合う二人が立場を超えて結ばれようとするが、身分差を周りに認めてもらえず情死を選ぶ事件などが実際に起きました。

近松門左衛門の「曽根崎心中（一七〇三年）」は、そんな一つの実際にあった事件（二十五歳の醤油屋の手代男性と二十歳の女郎の心中）を元にしています。

その後、長い間かけて「恋愛」は市民権を得ていきます。

流れが変わり始めたのは明治から大正に移る一九〇〇年を過ぎたあたり。

当時流行したロマン主義の影響で「恋愛結婚」の概念が流行し、新思想に憧れる女性たちが多くなったのが、その理由です。

といっても実際の結婚は、まだまだお見合い全盛で、ほとんどの女性がお見合い結婚していました。

恋愛結婚がお見合い結婚を上回るのは一九六五年前後のことです。

もう恋愛は病気などではなく、人間の立派な感情の一つと見なされてるんですね。

長い歴史の中で「自由に恋愛」出来る時代は、実は最近のことなんです。

愛人の１人や２人は当たり前
犬や猫を飼うのと一緒
ローマの古代事情とは

あなたはバブル時代を覚えてますか？

「ジュリアナ東京」では女子大生やＯＬが下着を見せながら踊っていました。

クリスマスになると高級ホテルは何ヶ月も前から予約で一杯。

タクシーはなかなかつかまらない。

就職なんて、楽勝の嵐。面接に行っただけで「即合格」。

購入したばかりのマンションは、翌月にはもう利益をつけて転売です。

不景気に苦しむ二〇一〇年から見たら、まさに狂ったような時代でした。


しかし、世の中には、なんと四百年近くも国中がバブル期だった国と時代があります。

それは「古代ローマ帝国」です。

紀元前二七年からローマ帝国が崩壊した三九五年（諸説あり）までの四百年間は、ローマにとって世界史上まれにみる「バブル」でした。

イギリスの歴史家ギボンは、この時代のローマを「史上最も幸福な帝国」と名づけました。

なぜこんなことが可能だったかというと、武力を基礎にして当時の主要な国のほとんどを支配していたからです。

戦争で獲得した賠償金や戦利金。支配している地域からの税金や鉱山収入。

それに支配した地域の捕虜売買がありました。

都市国家の一つだったローマに世界中の富が四百年も集まり続けた結果、考えられないようなバブル生活が当たり前になってしまいました。

ウエディング格言

恋は交戦の一種なり。
by オヴィディウス

「衣食住足りて礼節を知る」なんて言葉がありますが、「お金がありすぎて礼節なんて吹っ飛んだ」のがローマの社会。

貴族や支配階級だけでなく、ただローマ市民というだけで、もう「人生は春」です。

今でも一部の産油国の国民は、そんな生活を送ってるようですが……。


それはともかく、ローマ市民、特に貴族たちは狂ったような生活を送っていました。

たとえば「食」。

ローマ時代の宴会といえば豪華なことで有名ですが、実際はこんな感じです。

始まるのは午後四時頃、そして終わるのは深夜。

有名なのが味覚を貪るために、食べたものを意図的に嘔吐することです。

豪華なコース料理を食べ、お腹いっぱいになっても、嘔吐して全部戻しちゃえば、また別のコース料理を食べられるからです。

嘔吐するために専用の鳥の羽で喉をくすぐるのが一般的だったそうです。

だいたい当時の宴会では三コースが当たり前。

中には七コースの時もあったとか。


生活も滅茶苦茶です。

身につける下着は絹製品のみ。

奴隷も使い放題で、朝の化粧時間に専門の化粧奴隷が六人、夜寝る時には靴下を脱がす専門の奴隷が二人。

なぜ靴下を脱がすためだけに二人もいるかというと靴下は左右あるから！

入るお風呂は牛乳風呂。

エジプトのクレオパトラがこよなく愛したことで有名な牛乳風呂ですが、このローマ時代にはもっとすごいことになっています。

たとえばローマ皇帝ネロの妻の好みは「毎朝入るロバのミルク風呂」。

その自分の朝風呂のためだけに、五百匹のロバを飼い、それを世話する奴隷が五百人！


ローマといえば、今でも「闘技場」が観光名所として有名ですね。

でもよく考えたら、こんな昔に四万五千人も収容出来る施設を作り「人と人とが闘う」のを見るなんてすごいことですよね。

よく大晦日などに「人気の格闘技大会」をテレビ放送してますが、テレビがないだけで、後は変わらないことを古代ローマでは行っていたわけです。


働かなくても世界中からお金が入ってくるから贅沢三昧。

恋愛というかセックスも異常でした。

売春宿、同性愛、異常性欲、少年愛、少女愛、なんでもありです。

新宿歌舞伎町の風俗街をもっと広くしてそのまま国にした、と思えばいいでしょうか。

愛人の五人や十人は当たり前で、男性のみならず女性も男愛人をたくさん持っていました。

またそれで非難されることもありません。

結婚していたって全然関係ありません。

ウエディング格言

不本意な結婚をした男にとって、彼女は妻ではない。
敵だ。　　　　　　　　by プラウトウス

たとえばクラウディウス帝の皇后であるメッサリーナは、多数の男愛人を持つだけでなく、スリルを味わうために売春宿に小部屋を用意させ、フラリと入ってくる男性客とメイクラブしてたほど。

一国の皇后が！　ですよ。

別にお金目当てでなくて、「愛の歓楽とスリルを味わってみたい」というのがその理由。身分のある女性ですらこの始末ですから、一般男性の風紀は想像を絶します。

ローマには多数の浴場があったのは有名ですが、実は浴場というより売春の斡旋場というのが実態だったところもあったようです。

「浴場」でなくて「欲情！」だったんですね。

風紀が乱れに乱れてなにがなんだか分からなくなっていたのがローマ時代の生活です。

「堕胎」「捨て子」も大流行。

毎日の生活を楽しむのが大事ですから、子どもは邪魔者。

なるべく中絶していましたが、中絶しそこねた場合、『乳の出る円柱』に捨てられます。『乳の出る円柱』とはこうした捨て子のために国が作った場所で、国費で雇われた乳母が捨て子を育ててあげる場所だったようです。巨大な国営乳児院という感じでしょうか。

こんな時代ですから「夫婦関係」なんてのは滅茶苦茶で、もう男女共にやりたい放題。なんだかすごいですねえ、ローマ。

ありえない結婚！

「カエルと結婚しておくれ、村のために」

「もう数分で死ぬから、最後にあの人と結婚させてくれ」

「兄弟のために木と結婚する若者」

「天国のあの人と結婚したい」

世界には不思議な結婚形態が、まだまだ残っています。

単なるその場かぎりの文化行事的なものから、その後もずっと法的に拘束される正式なもの。果ては結婚するにあたって一国の大統領や首相の判断が必要なものまで様々です。


まずは軽いその場だけの文化行事なものから。

インドやアジア地域などで「カエルと結婚する少女」の報道がよくあります。

なぜ「キリン」や「カブト虫」や「マルチーズ」でなくて、カエルなんでしょう。めでたい動物というなら長寿の「ツル」でも「亀」でも、平和の象徴「ハト」でもいいのに？　なんでだと思います？

それは「カエル」には農村の人々の願いが込められているからです。

一つ目は多産。カエルのように子だくさんで、家族が繁栄しますように、という願いです。

もう一つは雨乞い。雨が降るとたくさんカエルが出てきますから、カエルと結婚することで「雨がたくさん降りますように」と願うんですね。

特にインドの農村のように暑い地域では死活問題ですから、古くから行われています。

「カエルと娘の結婚式」の写真を見ると、少女だけでなく、カエルもお化粧させられて、

ウエディング格言

人は間違った理由で結婚し、正しい理由で離婚する。
by 宮本美智子

特製の服を着せられてます。たぶんいい迷惑ですよね。

その後のカエルですが、結婚相手の娘や村で大事に育てるのかと思いきやそんな事もなく、ポチャンと池に帰されるようです。勝手にされた化粧は池の水で落ちるのでしょう。

インドの「木と結婚」も結構有名です。

ヒンズー教のカースト最上位ブラーマンの間には、兄よりも先に弟が結婚してはいけないという習慣があります。そのために弟の方が先に結婚するような場合に、兄は弟が結婚出来るために『木』と結婚します。これが『樹木婚』。

でも樹木って寿命が通常何十年も長いですよね。カエルのように池に返すわけでもなく、また「あの木は○○さんのお嫁さん」と認識されています。だから数年後に、お兄さんが人間と結婚するようになったら前の嫁《木》は切り倒すそうです。これが「離婚」にあたります。

次はお金がらみの特殊な結婚を紹介します。

文化行事などではなく、国の民法でも規定されている正式なもの。それはフィリピンの「死亡直前結婚」の規定（フィリピン家族法二七条、二九-三二条）です。

「もう死にそう！」という状況の場合は、書類とかの通常の手続きを吹っ飛ばして、ただ口頭で「○○さんと結婚します」と宣言するだけでOKという結婚のこと。

事故にあってその後の生存が難しい時、遭難中、戦争中、などが想定されてます。

法令ですから責任者も決まっていて、航空機の中で死にそうな場合は操縦士、船の中では船長、軍事行動中なら将校、が結婚の見届け人になることが出来ます。

これは家族にすることによって財産を残せたりするので行う制度です。

実は日本にも同様な趣旨で出来ている制度があります。それは日本民法九七六条の「一般危急時遺言」。通常、遺言は事前に紙に書くなどしておく必要がありますが、船で遭難するなど緊急の場合は口頭と証人などでOKというもの。本人が不可抗力で死にそうな時には特別な形で遺言を認めるというものです。フィリピンでは「結婚」、日本では「遺言」と形式はちがいますが、比較的似た背景から作られているようですね。

では、最後に夢のある話を。

フランスでは「天国の愛する人」と正式に結婚することが出来ます。これも法律で決まっています。ただしこちらはお金がらみになるのを防ぐために「財産相続」などはしてはいけない、と決まっています。

こちらは、愛し合って婚約していた恋人が突然交通事故死してしまった。もうあの人はいないけど、愛する彼（彼女）の名前を名乗りたい。結婚したかった。などの気持ちに答えるもの。近世のフランスでは、若い男性が各国との戦争で数多く死ぬので、「あの人と結婚したかった」という若い女性が多く、その当時に作られた特別な戦時下の法律です。

そのまま廃止されることなく存続しています。結婚するにあたってフランスの国王や大統領などが決裁する特別な結婚です。

二〇〇三年にも恋人が事故死した若い女性が「死者との結婚」を裁判所に訴えたものの、裁判所で却下。しかしシラク大統領の「認めてやれよ」という鶴の一声でたちまち認定。晴れてニース市役所で結婚式をあげたことが報道されています。

大好きな牛と結婚させてくれと大統領に直訴した農民が話題に

二〇〇六年、ロシアのプーチン大統領に「大好きな牛と結婚させてくれ」と直訴した農民が話題になりました。

話題の主は南シベリアで農業を営むボリスさん。

彼の言い分はこうです。

「私が住んでいるような南シベリアの小さな農村では、若い女性はみんな都会に行ってしまい、結婚する相手がいない。それならばいっそのこと、私は動物が大好きなので、大好きな牛と結婚させてほしい」。

こんな内容で、プーチン大統領にメールを送り、話題になりました。

ロシアでは、ネットを使って、誰でもプーチン大統領に直接相談してもよいことになっています。

田舎の農村に嫁がなかなかないのは万国共通なのか、妙に同情感を伴って世界中で話題になりました。

ただ残念なことに、プーチン大統領が返事をしたかは不明です。

前項でも「カエルと結婚」「木と結婚」などありえない結婚を取り上げましたが、その第二弾です。

先のは文化・宗教がらみとすれば、今度は動物愛護がらみです。

実は現在、大型類人猿（ゴリラ・チンパンジー・オランウータンなど）に人権などの法的権利を与えている国、また与えようとしている国があります。

たとえば一九九九年、ニュージーランドの国会は大型類人猿に基本的人権の一部を認めました。スペインでは二〇〇八年に議会で「類人猿の生命と自由を守る」決議案を通して、今後立法化される見通しです。

たしかに、大型類人猿と人類は祖先は一緒で、約98%の遺伝子が同一です。

生物的には「ほぼ人間」というのは確か。

先端的な動物愛護の波にも乗って、国によっては類人猿に人権が与えられなくもないご時世になっています。

また、二〇〇七年にはオーストラリアで「チンパンジーがホームレスになるのを防ぐ」目的で、特定のチンパンジーにパム(pan)と名付け、裁判所に「人格を認めろ」と申請を行いました。

世界中が判決の行方を注視しましたが、裁判は「却下」。

しかし、代理人たちは「認められるまで頑張る」とのこと。

オーストラリアでは負けたので、次は欧州人権法廷に訴え出るそうです。

こうした動きを受けて「人権を認めるなら、ではその先に、人間との結婚も認めるのか?」という問題が発生しつつあります。

同じ法的権利を持つなら、結婚もOKじゃないかという論理。

たしかに、論理としては合っています。

子どもを生めなくても、必ずしもイコール結婚不可というわけではありませんから。

かつては認められず、そんなことありえない! と感情的にも認められなかった結婚の

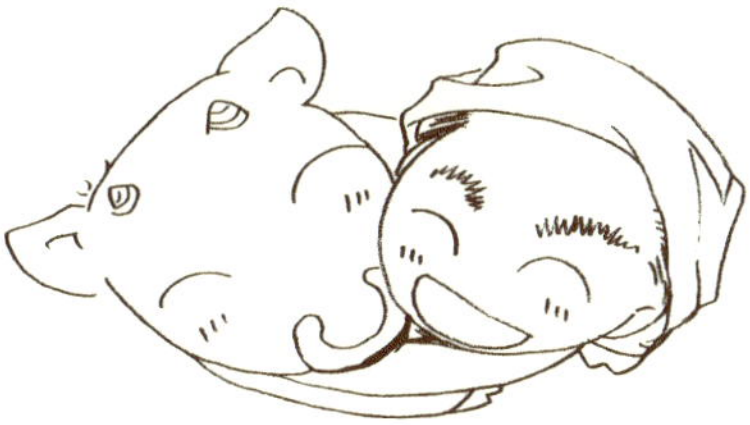

形式が、すでに世界各国では続々と認められています。

たとえば、同性同士の結婚は合法。

二〇〇〇年を過ぎたあたりから世界各国で立法化され、二〇一〇年現在はオランダ・ベルギー・スペイン・スウェーデン・アメリカの一部の州など数多くの国で認められいます。

まだ日本では認められていませんが、いつ立法化されてもおかしくはありません。

どこかの国が先頭きって、いつか「大型類人猿と結婚」を認める日が来るかもしれません。


結婚ではありませんが、日本では架空の人物（鬼太郎、鉄人28号、鉄腕アトム、怪人二十面相）に住民票を出すのは、一種の名物です。

またペットに遺産を残そうとしている人も急増していると読売新聞で報じられました。

直接お金は渡せませんが「世話を頼む」というような形の遺言制度（負担付き遺贈）を使って、遺産を残します。

「負担付き遺贈」とは、たとえば「家業を継ぐことを条件に財産を渡す」「残された子どもの面倒を見ることを条件で遺産を残す」みたいに条件付きで遺産を残す方法です。

これをペットに応用して遺産を残します。

条件（家業を継ぐ・子どもの面倒）を「負担」と表現しているんですね。


いろんな可能性が考えられますね。

もし、どんな形であれ「動物と人間の結婚が可」になれば、婚活の方法も激変していることでしょう。

すべての結婚は７年で失効！意表をついた政治マニフェスト

結婚七年目は日本では「銅婚式」といいますが、その七年で「すべての結婚を失効にしよう」という政治マニフェストを掲げたドイツの政治家が二〇〇七年に話題になりました。

話題の主は、ドイツの保守系女性政治家ガブリエレ・パウリさん（五十歳）。

彼女の政治マニフェストはこうです。

「他人と共同生活出来る期間には限度があるのが普通。多くの結婚はただ安心感を手放さないために続けているだけ。だから思い切って結婚しても婚姻関係は七年で失効。ただし夫婦双方が離婚を望まなければ婚姻関係の再延長も可能」というもの。

特になんの手続きを踏まなければ、自動的に婚姻関係は解消となります。

ガブリエレ・パウリさん自身は二度の離婚歴があります。

政治家としてのガブリエレ・パウリさんは大物です。

決して思いつきの奇抜な策を発表しただけの新人などではなく、大政党であるキリスト教社会同盟の党首選にも立候補するような有力政治家。

姉妹政党のキリスト教民主同盟が政権を取っていたりして、いつかドイツの首相になる可能性もないではない人です。

斬新ですね。

ドイツでは七年目あたりで離婚するカップルが多い事も背景にあります。

日本のワイドショーでも紹介されましたが、意外にも多くのコメンテイターが「賛成」と言っていました。

ウエディング格言

夫婦が長続きする秘訣だって？
それは、一緒にいる時間をなるべく少なくすることとさ。
by ポール・ニューマン

もし日本で実行したら、考え的に賛成する人も多い一方、実際にはどうするんだ！と一時的に混乱するでしょうねえ。

でも、思考実験としてはちょっと面白い。

七年目を待ち望む人もいるでしょうし、相手に価値を認めてもらうよう一生懸命「良さ」を発揮する人もいるでしょう。

企業でいえば、かつての日本の多くの企業が採用していた「終身雇用」か、外資系のように「いつクビになるか分からないけど、給料はいい年俸制」みたいな感じです。

晩婚化や熟年離婚、事実婚など、結婚制度がゆらぐ中、この「結婚七年制」は考えてみる価値あると思います。

もちろん何回も継続して一生添い遂げるのもありです。

プロ野球選手が九年でフリーエージェントの資格を取るように、結婚七年で「今後どうするか自由」になるのはお互いのためにいい気がするから。

子どもがいる場合どうするんだ！　というような問題はありますが、考え方としては斬新ですね。

今すぐ日本で実現する事はなさそうですが、もし日本の政党で「有効期限付きの結婚制度」が提案されたら、あなたは賛成しますか、反対しますか？

またその理由はどんなものでしょうか？

一夫多妻制は女性を救っているってホント？

世界の文化圏の83％が一夫多妻制。こんな衝撃的な研究結果があります。調べたのは人類学者のジョージ・マードック。世界の八百四十九の民族社会を調べたところ、一夫一妻制が16％、一夫多妻制が83％、一妻多夫制が0.5％だったとのこと。

一番有名な一夫多妻制は、推定十一億人誇る世界第二の宗教・イスラム教の「妻は四人まで」。また、アフリカ諸国も事実上「一夫多妻制」の国が多いようです。

「井の中の蛙、大海を知らず」なのか、我々はどっぷりと日本社会に染まっているので、あまり意識することもありませんが、実は一夫多妻って「海外の一部にある特殊な制度」ではなく、この地球上では、現在でも当たり前の制度なんです。

そもそも日本でも百年ちょっと前までは、事実上どころか法律上でも一夫多妻制でした。

ところで一夫多妻制は「女性を救っている」という説があります。

どういうことなんでしょうか。

その秘密は、「イスラム教の一夫多妻制の成立」にあります。

イスラム教が七世紀に初めて世に出てきた時、当時は支配宗教のキリスト教徒などによって邪教として扱われ、非常に数多くの男性が迫害され、また戦いの中で死にました。

そのため多くの女性が未亡人となりました。

残された未亡人たちや子ども達は貧窮にあえぐことも珍しくなかったようです。

そこで発明されたのが「四人まで」というイスラム教の一夫多妻制。

「妻」という立場で誰かの家族に入ることで、未亡人や子ども達の生活が安定しました。

ウエディング格言

ねえ、あなた。話をしながらご飯を食べるのは楽しみなものね。　by 永井荷風

こんなふうに、イスラム教で一夫多妻制が取られたのは女性を救うためだったんですね。私たちはイスラム教の事をあまり知らないので、一夫多妻制と聞くとつい「金持ちの男性が四人も妻を持つ、なんだかイヤらしい世界」などと思いがちですが、事実は逆で、最初は女性たちを救うための社会福祉制度だったのです。

イスラム教が世に広く世に認められ、男性があまり死ななくなっても、一夫多妻制は制度として残りました。

二十一世紀の現在、実際に複数の妻を持つことは経済的・心理的に大変。だから現在のイスラムでは「一人妻」家庭が多いという話も聞きますが、いずれにせよ法律的に「一夫多妻制」はＯＫです。

世界にイスラム教徒は推定十一億人と、日本人の約十倍ほどいます。だからちょっと世界を見渡せば、たくさんいらっしゃいます。有名人だと、フィリップ・トルシエ（サッカー元日本代表監督）、ジネディーヌ・ジダン（仏の元サッカー選手）、マイク・タイソン（ボクシング元世界チャンピオン）などがイスラム教徒です。また妻の立場だと、タレントのデヴィ夫人はインドネシアの故スカルノ大統領の第三夫人でした。

もし「第三夫人」という制度がなければ、たんに「大統領の愛人」ですから、今のような芸能活動は出来なかったかもしれません。

童貞の方が結婚出来る可能性が高かった時代

世界的に見ても、ごく珍しいんですけれど、日本で比較的最近「童貞だからこそ結婚に人気」だった時代があります。

それが一九二〇年代からの日本。ちょうど我々の祖父、祖母が生まれた頃でしょうか。平成の今に限らず「童貞」は江戸時代から恥ずかしいとされていました。

当時でさえ童貞は「墓場のみみず」と言われていました。要はバカにされていたんですね。特に男性は遊郭で遊んだり、農村でさえ「若者組」に入り、男性は半ば強制的に「筆おろし」をさせられていました。

相手は共同体の中のおばさんなどで、男性が選ぶことは出来ませんでした。

しかし一九二〇年代に、こんな「童貞賛美論」がなぜか流行しました。

その賛美論とは「結婚相手に処女を望むなら、男も童貞を守るべし」という考えです。言われてみれば、もっともな気もしますね。

一九二〇年代の性科学者が東大生の男子にアンケートを取っていたものが残っていて、「童貞は結婚する時に、新妻に捧げる贈り物です」「どんなことがあっても童貞だけは守る」なんて回答が残っています。

戦後しばらくまで「女性は結婚するまで処女でいるべき」という暗黙の規範が存在しました。処女の方が価値が高かったんですね。

それと同じく「童貞」の方が価値が高かったのが、一九二〇年代からのごく限られた時期の日本でした。

ウエディング格言

あらゆる人智の中で結婚に関する知識が一番遅れている。

byバルザック

その後、戦争などで日本は滅茶苦茶になり、いろいろな規範も大きく変わりますが、大流行とは言わないまでも一九六〇年代頃まで「童貞＝美徳」という感覚はありました。

実際に「童貞はなるべく守った方が安全」という雑誌の記事も残っています。

変わり始めたのが一九六〇年代半ばから一九七〇年代。

実際に体験出来るかどうかは別として「童貞だからいい」という価値観は、ガラガラと崩れ始めます。むしろ「体験者こそかっこいい」という風潮が広がります。

ただしこれは男性にかぎり、女性はまだ一九七〇年代には貞操が求められていました。

童貞が否定的に見られるのは、男性内だけでなく、当時の雑誌の記事などでも女性から「もし結婚相手が童貞だったら……」と懸念を表明されるほど。


でも歴史は繰り返すといいます。

ひょっとして「童貞＝美徳」という価値観が復活するかもしれません。

結婚相手として童貞が人気者になったりして。

「禍福はあざなえる縄のごとし」と言いますが、なにが「婚活」につながるか、ほんと分からないものですね。

結婚相手に望む条件も、「三高（高身長・高学歴・高収入）」→「三C（快適、理解、協力の英単語頭文字）」→「三低（低姿勢・低依存・低リスク）」と、どんどん変わっています。

最近は不景気の影響なのか「正社員だったら」なんて声もありますが。

いつか「私への宝物として童貞を守っていることが条件」なんて時代が来るかもしれません。

結婚してもいろんな異性と寝てみたい！ 男も女も堂々と不倫していた200年前の日本

若い男性と、偶然二人きりで話しているところを見られた女学生。

そのことが、同級生や親、挙げ句の果てに町全体を巻き込む大騒動へ。

ついには退学の危機が訪れます。

これは、昭和二十二年に発表された小説「青い山脈」のあらすじです。

原節子さん主演の映画が大ヒットし、藤山一郎さんが歌った主題歌（青い山脈）も有名ですね。「男女七歳にして席を同じゅうせず」なんて言われていた時代の名残といわれる作品です。

その後、どんどん男女交際は開放され、今に至ります。

でもほんとに、昔はすごく閉鎖的で、二十世紀後半になってから急激に日本人の男女交際は開けたんでしょうか？


そんな素朴な疑問に答えてくれる一つの答えが「夜這い」です。

夜這い研究の第一人者としては故・赤松啓介氏が有名です。

赤松氏の著作の数々を読むと、その「昔の性のおおらかさ」に圧倒されます。

赤松氏の研究書によると、かつて夜這いは、主に農村の村ぐるみのシステムとして機能していました。村によって異なりますが、男なら十五歳くらいになると若者組に所属します。女性なら「娘宿」に所属します。

そこでは村の警護や、共同作業を行ったりすると共に、大きな役割がありました。

それは「性の営み」を教えること。童貞の場合はまず後家や近所の主婦が実践指導します。

「おまえのところに柿の木はあるか？」

「はい、あります」

「柿に実はなりますか？」

「はい、たくさんなります」

「私がちぎってもいいか」

「はい、どうぞちぎってください」

「そんならちぎらせてもらいます」


これは「柿の木問答」と言われる口上です。

ほんとに柿の木があるわけではありません。

ちぎるのは柿の実ではなくて、童貞です。

後家や近所の主婦が童貞の男児に性の手ほどきをする際の儀式で使う言葉でした。

新婚初夜などにも、この問答を儀式として行った地域もあったそうです。

その後は村の「夜這い」に参加で実地訓練です。

一方、女性にも「夜這い」という形で、複数の男性と性を共にする習慣がありました。
男性、女性共にかつての日本はすごく「性におおらか」だったようです。
独身男だけでなく既婚の男女も、それぞれの共同体の掟の中で夜這いに参加していると
ころもあって、まさに半ば公然と「性は広く開放」されていました。

未婚・既婚の関係なく村全体で「くじ引き」などで相手を決める村。未婚者だけの楽しみであった村、毎年どんどん相手が変わる村。祭りの日には他村の人間にも夜這いを開放する村など、いろいろなシステムがあったようです。

「百人斬り」を達成すると村でお祝いしたことも。

現在の価値観で言えば、村ぐるみで行った乱交に近い形です。

とはいうものの、当時は決して犯罪的なものではありませんでした。

たとえば世界遺産に登録されている飛騨白川村の合掌造りには、寝室につながる「夜這い専用の出入り口」が設けられていることでも有名です。

わざわざ専用口を作るほど、普通のことだったのです。

カンヌ映画祭でグランプリを獲った映画「楢山節考」にも、性にモンモンとする若者たち（男）の間をある女性が順番に回るシステムが描かれていました。

システムについて詳しく説明すると、夜這いは、大きく分けて二つの形に分けられます。「総当たり型」と「若衆型」です。

「総当たり型」は独身男女だけでなく、既婚者も夜這いに参加していたものでまさにフリーセックスの農村という感じですが、ちゃんとその中にも掟というかルールはあります。

村によってですが、夜這いの相手は、独身者は独身者を、既婚者は既婚者をという感じで大まかにルールがありました。

既婚者同士の場合は、いつでも夜這いをかけられるわけではなく、「相手の旦那が不在の時」というルールもありました。

ウエディング格言

結婚の契約をしてからでなければ恋をしないというのは、小説を終わりから読み始めるようなものである。

by モリエール

でも、昔の農村で、そんなに「夜に主人が不在」ということは考えられません。日にちを決めて「それぞれ夜這い」してたのでしょうか。

また若衆と娘の組み合わせですが、これもいろいろな方法がありました。

まずは「自由型」。

完全に開放されていて、早い者勝ちでした。

次に「定型型」。

これは正月にくじ引きなどで、若衆と娘の組み合わせを決めます。

その組み合わせは一年間変えられません。

さらには「巡訪式」もあります。

これは、順番が決められていて、若衆が決められた順番にしたがって娘の家に夜這いをかけるもの。次々と順番でずれていくフォークダンスのような形式です。

基本的に夜這いは、若衆（男性）が娘（女性）の家に忍び込む形で行いますが、たまに逆に「男性の家にしのびこむ女性」という形もあったそうです。

これらに見られるように「夜這い」といっても完全自由というわけではなく、きちんとルールにのっとって行われていました。

またあくまで範囲は同じ「村」で、他の村の若衆が娘に夜這いという形で手を出した場合には、制裁などがありました。

もちろん子どももどんどん産まれてきます。でも、子どもも労働力になるので誰もが悪く思わなかったのです。

「なんだか、オレに似てないな〜。○○の子じゃねえか」なんて言いながら、だっこする父親。産んだ母親にとっても「ホントは誰の子」か分からなかったのかもしれません。大事なのは村の繁栄と子孫を残すことですから、あまりその辺は気にしないのでしょう。

明治時代に入ってから、明治政府が主に外圧から「一夫一婦制の確立」や「純潔思想の普及」などを推し進めました。日本に開国を迫った欧米諸国はキリスト教が基本。これらの思想はキリスト教の根幹です。道徳観と結びついて、日本にも求めてきたんですね。

若者組は、外国人キリスト教宣教師や教育者から「夜這い風習の温床」として厳しい批判にさらされ、青年団に再編されました。

その後、明治政府の思想統制が成功し「家族が大事」「純潔が大事」などの価値観・倫理観が浸透していきます。

現在の性教育では「自分の性を大事にしてほしい」と、決して安易な性交を勧めてはいません。それも一理あります。

でも本当に性を大事にするならば、避妊方法も格段と進歩した今、思いっきり性を楽しむ、というのも一つの考え方と言えるでしょう。

本書の第一章でも述べましたが「中年童貞」「中年処女」の問題も出始めてきた今。夜這いを復活させろとまでは思いませんが、もっと性のアレコレを窮屈な場所から、オープンにしてもいい時期なのかもしれません。

「運命の赤い糸」は実は「暴力男」のひどい童話

最近はあまり聞きませんが「結婚する人とは運命の赤い糸で結ばれている」と、かつてはこんなことがよく言われていました。

これは、みんなが結婚するのは当たり前、しかも自分で決める恋愛結婚ではなくて、親などが勝手に決めてきた相手と結婚するのが普通という時代でしたから、その時に使われた、無理矢理自分を納得させるための自己詭弁の言葉なのかもしれませんね。

人によっては「どこかに必ずいる！」と勇気を奮い起こす言葉であったかもしれませんが。この小指と小指が、赤い糸で結ばれているというのは日本や中国の独自の言い伝えです。

元は中国の故事。

今から千年以上前に中国で出版された童話集『太平広記』に納められた、小さな奇談『定婚店』が元です。

あまり売れなかったので当時は重版もされなかったのに、この物語は有名になりました。それだけ「運命の人とは赤い糸で結ばれている」というのは、人々に訴えかけるインパクトがあったのかもしれません。

元になった童話では、小指と小指が赤い糸で結ばれているのではなく、足と足が赤い縄で結ばれています。

そして婚活中の男が「自分と運命の赤い縄で結ばれている女性は誰だろう」と探し、仙人のような霊能者経由で、とうとう相手を探し出します。

しかし、その相手はすごい醜女！

それを知った男は「あんな醜女と結婚なんかしない！」と相手を殺そうとして、殺人未遂を犯します。

なんだか、「運命の赤い糸」からイメージする美しい愛の話からは、真逆の話なんですね。


こんなことをしたら現在なら刑務所行きですが、千年以上前の話ですから別にお咎めなしで、なんとか女性が逃げて終わります。

その十四年後に、そうとは知らず、気づかないまま、この男女は再び出会います。

結婚する時には、女性は当時のエステでも行ったのでしょうか、美女に生まれ変わっています。男が殺そうとした醜女がそこまで綺麗になれるのかと疑問符が浮かびますが、まあ、そこは童話ですから流しつつ、その後もいろいろありましたがようやく結婚することになりました。

しかし、最後に体にある傷を見て「あの時、殺そうとした女だ！」と気付くという、すごいお話です。

この小さな童話が日本にも入ってきて、赤い縄を結ぶ足はいつの間にか約束を意味する小指に変化し、そして小指に縄は重すぎるので、赤い糸になったという訳です。

なので、世界中でも「運命の赤い糸」は日本だけ。

ちょっと広げて「運命の足の縄」は中国をはじめ東アジアに広がっています。

西洋だと、同様な役割をするのは「キューピッド」になります。

これは幼児の姿をした神様。

背中に羽をつけて、恋の矢を打つ存在で、元はローマ神話の神様です。

赤い糸や赤い縄が、同じ男女で幼い頃からがっちりと結ばれていて外せないのに対し、こちらは「気まぐれ」で矢を打ちます。

だから映画などでも、恋のキューピッドにお願いして意中の異性に矢を打ってもらったり、またキューピッドの気まぐれでとんでもない二人がカップルになったりします。

どっちがいいんでしょう。


「運命の赤い糸派」は、絶対に結婚出来ます。

たとえ十四年前に殺そうとした相手でも、知らずに結婚するくらい。

ある意味、とても強い絆で結ばれてますよね。

ちょっと恐いくらい。

キューピッドは、結婚ではなくて恋の神様ですから、どんどん恋は出来ますが、結婚はまた別。結婚まで発展することもあるでしょうけれど。


もっとも、最近は「せっかく運命の赤い糸の異性と結ばれて結婚したのに、糸がプチッと簡単に切れるのはなぜ？」という気もしないではありません。

第4章 ちょっとマジメにお勉強

どのくらいの期間つきあえば結婚出来るのか

著者が以前インタビューした方で、「十九歳から二十九歳まで十年間、同じ男性とつきあった。勇気を出して「もう三十歳になるから」と結婚を切り出したら、「そんな気はない」と言われ、別れてしまった。私の一番良い期間を返せ！　詐欺師め！」と怒り、泣いていた人がいます。

詐欺かどうかは別として、十年間「結婚」が気になりつつもつきあっていたんでしょうね。ところで、結婚した人は、実際にどのくらいの期間「つきあって」結ばれたのでしょう。実はこれに関しては、平成十七年に兵庫県が中心となり大々的に調査を行っています。研究機関に委託し、三千通も三十五歳〜六十四歳対象にアンケート&インタビューを行った真面目な調査です。かなり信憑性のある調査と言えるでしょう。「おつきあい」には「恋愛結婚」だけでなく「お見合いで知り合い、つきあい、結婚」も含まれています。

ずばり全体の平均値ですが「二年一ヶ月」です。

二年ちょっとおつきあいがあれば、だいたい結婚に結びついているようです。

この「おつきあいの期間」ですが、若い人ほど長い傾向があります。

これは年長者ほど「お見合い結婚」した世代が多く、若い人は「恋愛結婚」が九割近くになるためと思われます。

最初から「結婚」を前提におつきあいする「お見合い」と、どうなるかわからない「恋

ウエディング格言

4ヶ月の交際が一生を保証するだろうか？
by ルソー

愛」の差ですから、これは自然なことでしょう。

調査は三十五歳～四十四歳、四十五歳～五十四歳、五十五歳～六十四歳の三つの年代に分けて調査されてますが、この中でも一番「現役婚活組」に近いと思われる三十五歳～四十四歳を中心に話を進めます。

この三十五歳～四十四歳の結婚おつきあい期間は二年八ヶ月。

でも、その二年八ヶ月あたりに山があるわけではありません。

実際は一年未満と二年未満がグッと多く（この層で62％以上）、あとは低空飛行でずっと低いまま長くつづいていきます。

婚活に関しては「果報は寝て待て」でなくて「鉄は熱いうちに打て」が正しいようです。

「結婚は勢いよ！」というのはほんとかもしれません。

長すぎる春はいろいろ考えてしまって、かえって結婚は遠のくようです。

もちろん世の中には、二〇〇九年に俳優の別所哲也さんと一般女性が知り合って二十年で結婚したように、完全に駄目という訳ではありません。

そんな例もありますが、一般的に交際期間は一年未満、二年未満が婚活には最大のチャンスのようです。

キスの起源

キスの習慣を持っている生き物は人間以外ほとんど存在しません。

昆虫などが、口を使って交尾相手のメスをムリヤリ押さえ込んでるのを見て激しいキス！　と、思うこともあるようですが、それは間違いと言えます。

我々がキスをする習性を持っているから、つい他の生き物のキスらしきもの（単に毛繕いだったり、服従の合図だったり、食べ物を口から貰うときのサイン）を見て「キス」と思いがちになります。しかし、男女が愛情でキスするのは、ほぼ人間のみ。

人間以外でキスの習慣があるのは、同性愛や挨拶がわりのセックスなど、非常に性行為が多いので有名なボノボ（猿の一種）程度です。

ところで、人間はどうして、キスをするようになったのでしょうか？

単に「性欲」から？　愛する人とキスすると気持ちいいから？

「性欲」説は意外と少数派で、なぜ「キス」をするようになったのか、現在でもいろいろ説が唱えられています。

①　人肉食説

人が人を食べていた時代の習性が形を変えて、キスという形で引き継がれたというもの。

②　つば付け説

原始時代は、舌で舐めることで、なにかを清め、自分のものにする習慣があったため、そこから派生して「自分のモノだよ」と占有を主張するためにキスが生まれたというもの。

③　離乳食説
まだ離乳食がなかった時代には、母親が自分の口で柔らかくかみ砕き、乳児に口移しで食べ物をあげていたことから唱えられており、キス（口移しの食事）は、子への愛情の行為であり、それが恋人同士のキスに発展したというもの。
④　尊信説
国王や支配者に人民が服従を表し、尊敬と信頼を示す表現として始まったというもの。
⑤　医療説
イヌイットやネイティブアメリカンなどが行っていた病人に口をつけて病を吸い出そうとした医療行為がキスの起源だというもの。
⑥　ワイン説
ローマ時代前期には、ワインはとても高級品であったため男性だけが飲むことを許されており、そのために、夫の外出中に妻がワインを勝手に飲んでいないか、確かめるために帰宅した夫が妻にキスをし始めたというもの。
⑦　性欲説
先にあげた諸説の中に小さく混じっている、「気持ちいいからキスをする」というもの。


などなど、いろいろな説があります。

私たちは、恋人同士のキスしかほとんど知らないため「性欲説」に流れそうですが、実は「キスの起源」は諸説あって、まだ定説はありません。

恋人のキスはどうして生まれたのか、いまだに謎のままです。

「生物学的に見れば、人間の男女の愛は４年で終わるのが自然である」という説

「人間の愛は四年で終わるのが生物学的に自然なんだって……」

こんな話を耳にしたことありませんか。

そのままズバリの題名『愛はなぜ終わるのか？』（ヘレン・Ｅ・フィッシャー著）という本が、一九九三年日本でベストセラーになったのがきっかけでした。

ヘレン・Ｅ・フィッシャーの主張を数行に要約すると、こんな感じになります。

「哺乳類の中でつがいで子育てするのは動物はわずか３％にすぎない。子育ては大変だから、男女が協力する必要がある。そのために恋愛というシステムが発達した。特に人間の子どもは育つのが遅く、三〜四年は親がつききりでなくてはならない。そのために四年程度は愛が続くように設計され、その期間過ぎれば愛は終わるのは自然」

「愛はなぜ終わるのか」というより「そもそも、何故〝愛情〟というシステムが人間に発達しないのか」を解明した名著です。

産んだら、それっきり。あとは自分の力で生きてね。という生き方をしている生物には「長く続く夫婦や家族の愛情」というシステムは確かに必要ないのかもしれませんね。

なんだか淋しい話ですが、真実なのかもしれません。

よく、冷めきった夫婦関係なのに「子どものために離婚しない」なんて話を聞きますが、真理をついているのかもしれません。

また有名な話で「カマキリのメスは、交尾したあとにオスを食べてしまうことがある」

という話があります。ファーブル昆虫記にも載ってます。

カマキリは交尾後にオスとメスが一緒に子育てをしたりしません。

だからエネルギーを消費する産卵などのために、手近にいるオスを「もっとも身近にある栄養源」として食べてしまうのは、ある意味「子どものため」です。

といっても、オスも「子孫のため」に喜んで身を犠牲にしているわけではなく、極力食べられないように行動しますが、数回に一回は捕まって食べられてしまうようです。

カマキリ以外でも、クワガタ虫なども、種類や環境によっては交尾後のメスがオスを殺して食べてしまうのは有名。


いろんな事例を見ると、たしかに「愛情」は人間が生物として繁殖し、自分の遺伝子を受け継いだ子孫を生き延びさせたり、家族を維持するために後天的に発達させたシステムかもしれません。


「生涯ずっと愛し合っている夫婦」がいるのも事実ですが、「お互い空気みたいになっている夫婦」もたくさんいるのは、ある意味当然のことかもしれません。

原始時代には、もともと四年程度で済んだ「愛情期間」ですが、原始時代ならともかく、文明が発達することによって、子育ても四年では済まなくなりました。

また家制度や結婚制度なども作られ、四年以上の愛情が求められている世界に我々は住んでいます。

さて、人間はこれからどんな感情を発達させるんでしょう。

結婚で「入籍」するのは実は日本だけ

婚活のゴールは、ずばり「籍を入れること」です。

結婚のことをシンプルに「入籍しました」なんて言ったりしますね。

その入籍ですが、実は世界の結婚の中でも日本だけの現象といったら驚くでしょうか。

「だって結婚したら、どの国でも籍に入れるじゃないか！　そうでないと結婚しているかどうかわからないし」という声が聞こえてくるようです。

そうなんです。私もそう思っていました。

しかし調べたらほんとに入籍は世界でも日本だけでした。

なぜかというと「戸籍」は事実上、現在「日本」にしかないものだからです。

韓国や台湾にもありましたが、理由はかつて日本に戦争中に統治されていた影響です。

その韓国も二〇〇八年一月一日に「戸籍法」は廃止。

台湾も日本統治時代に戸籍制度に無理矢理変えられ、形の上でもまだ残っていますが、実際には個人の記録を中心としたＩＤ制度がメインで、戸籍はほとんど使われていません。

中国にも似た制度（戸口制度）はありますが、農村と都市部を分けて個人を固定する個人登録の役割が大きく、日本の戸籍とは異なります。


かつての日本の戸籍には「私生児」「庶子」「隠居」などということも記載されていました。現在は「差別的だ」という理由で、消えたり変わりつつあります。

日本の戸籍は家族を中心として、国家が管理しやすい形にしてあるんですね。

あまり意味のないような「本籍」が載っているのも、その時の名残です。

ウエディング格言

結婚するとは、彼の権利を半分にして、義務を二倍にすることである。　byショーペンハウアー

現在、本籍は日本どこに置いてもいいので、勝手に好きな場所にする人も多いようです。無人島や北方領土、それに東京ドーム、○○遊園地など好き勝手な場所に置けます。実際に皇族でもないのに、勝手に皇居に本籍（千代田区千代田一番地）を置いている人が多いのは有名な話です。

では、世界ではどうなっているのかというと、個人単位のＩＤ制が中心です。それで結婚や出生や死んだ時などに、それぞれの事案別に処理されるのが普通。日本なら戸籍を見れば、全部わかるのに、他国だと個人のＩＤ（社会保障番号）とかがあって、それとは別に婚姻証明書とか、出産証明書だのが別々に発効されます。

アメリカの場合だとそれがまた州ごとなので、ややこしい。結婚証明書は「結婚」した州で登録され、別の州で「出生」したら、また別の州で「出生証明書」があったり、それぞれの州でしか把握出来ていません。

たまに映画なんかで、意中の男性（女性）からプロポーズされた主人公が「実は別の州で結婚していて、もう別居してるけど、まだ正式に離婚してないから、正式に別れてくれるように元妻（夫）に頼んでくる」なんてのがあります。別の州の記録にしか残ってないから、こっそりやれば相手にも分かりません。でも日本の戸籍だと一発でばれます。

もちろん世界には、今でも結婚にあたって親や家族の影響力が大きく「小さい頃に親が勝手に許嫁を決める」というような地域・風習だってまだまだ残っています。

でも「戸籍に入れる」「戸籍に入る」という制度は、日本にしか事実上ありません。だって世界で戸籍があるのは、日本だけなんですから。

「結婚は人生の墓場」は実は性病の戒めだった

「独身時代は自由にお金使えたのに、今は嫁に小遣い握られて」

「女遊びが自由に出来ない」

「土日は家族サービス」

まさに〝結婚は人生の墓場〟なんでしょうか。

最初にこの言葉「結婚は人生の墓場」を言い出したのは、フランスの詩人ボードレール。お金持ちでイケメンのステキなおじさま詩人です。

代表作は「悪の華」。

十九世紀のフランスでは「梅毒」を始め各種性病が大流行中でした。

梅毒といえば、当時は死病でした。


そんな世相を見て、詩人ボードレールは言いました。

「自由な恋愛はやめて、体を清めて、墓のある教会で結婚しなさい。」

教会に墓があるのは、お寺に墓があるのと一緒で、普通のことです。

「結婚は人生の墓場」の最初の意味は、いわば「性病の戒め」「清らかな結婚のすすめ」で、現在広まっているような「結婚は人生の墓場」とは全く逆の意味だったんですね。

それが、日本語に訳する時にボードレールの言った「恋愛は人生の墓場」が「恋愛は結婚にほぼ等しい」ことから、「結婚は人生の墓場」と誤訳され、ついにはそれが広まってしまいました。

最初の発言の真意は「自由恋愛は性病になる可能性が高いから、教会で身を清めて、き

れいな結婚をしろ」という感じだったのですが、全く逆になってしまいました。

言い出したボードレールさんですが、自身はどうだったかというと、金持ちの人気詩人という立場を活かし、いろんな女性と関係を持ちました。

その結果、しっかり梅毒になり、それが理由で四十六歳で亡くなりました。全く男ってしょうがないですよね。

この「結婚は人生の墓場」は日本語にした時の誤訳なので、日本にしかありません。しかし同様な意味のことわざは世界中にあります。

「ウエディングケーキは、この世で最も危険な食べ物である」アメリカのことわざ。

「結婚とは、熱病とは逆に、発熱で始まり、悪寒で終わる」ドイツのことわざ。

「あわてて結婚し、ゆっくり後悔しろ」イギリスのことわざ。

婚活だけでなく、結婚した後の生活も大事にしましょう！　皆様。

「婚活」も大事だけど「離活（離婚活動）」も密かに流行しています

「離婚するのは、結婚の十倍のエネルギーを消耗する」

こんなことが言われています。

実際に体験者に話を聞いてみると「いや、十倍どころか百倍！」なんていう人もいたりして、なにかと大変なようです。

日本ではだいたい毎年「結婚する数」の三分の一程度の「離婚カップル」がいます。結婚する人が毎年七十万組程度（百四十万人）、離婚する人が二十五万組（五十万人）です。

ほんとに、「離婚に十倍のエネルギーを使うとしたら「婚活の三倍以上のエネルギーが離活」に使われている」計算になります。

「離活」は晴れがましい結婚や婚活と比べ、夫婦の影の部分。

ひっそりと見えないように行われます。そこでは実際どんなことをしているのでしょう。

「あなた、私、離婚したいの」

「え〜！　なに言っているんだお前」

「あなたが定年を迎えるのを待っていたのよ。ずっと何十年も我慢してたのよ」

一時、こんなドラマなどが流行しました。

きっと旦那さんは自分が捨てられるなんて夢にも思わず、安穏としているうちに奥さんは着々と準備をしていたのでしょう。

「離活をうまくやって一千万円は得しましょう！」なんてことを堂々と表看板に掲げて営業している法律関係者の方もいらっしゃいます。

ウエディング格言

幸福な結婚というのは、いつでも離婚できる状態でありながら、離婚したくない状態である。

by 大庭みな子

夫婦だけで解決するより、間に離活業者を入れることによって慰謝料だの養育費だので一千万円得するのが目標とのこと。

なんだか怖いですね。婚活と異なって、影でひっそりと行う「離活」だから、こういう部分も出てくるのでしょう。

いろいろ紹介されている「上手な離活の方法」から、比較的共通していた項目を挙げます。

① とにかく有利に離活したかったら、証拠を集めろ！

浮気なら相手との密会写真、暴力なら病院の診断書、なんなら「こんなヒドイことを言われた」という録音。

② 先手必勝

相手に気づかれないように、離活は進めよう。その方が有利になる証拠を集められるから。感情的に家を飛び出して離婚するのは、一番損。

③ 法律に詳しくなろう

法律で認められている五つの離婚理由（不貞、三年生死不明、悪意の遺棄、相手が精神病、その他）に、なんとかあてはめよう。

この中で比較的目に見える形で証拠を集めやすい（作りやすい）のは「不貞」でしょうか。なのでその事実がない場合は、工作して作ってしまうことも。

それは次項で……。

「娘をいい男と結婚させたい、今の男と別れさせて」という親が密かに利用する「別れさせ屋」

「娘がへんな男とくっついた。どうにかして別れさせられないか」という親。「大好きなあの人と結ばれたい。だから今の恋人と別れさせてほしい」と無茶な要求をする若い娘。「妻と別れたい。離婚を有利にするために、相手が浮気するように工作して証拠写真をとってほしい」……人々のこんな暗くて強い欲望に応えるかのように「別れさせ屋」が現在無数に出てきています。

テレビや雑誌で紹介されていますが、いったいどんなシステムなんでしょうか。

今までも「浮気の証拠を押さえるための探偵業」などはありました。しかし「別れさせ屋」が探偵と決定的に異なるのは、「証拠を掴む」のではなく、「事実と証拠」を自ら作ってしまうことです。なんだか恐ろしいですね。

そのシステムを調べてみました。共通しているのは「どちらか一方に異性を「性的な餌」として近寄らせ、食いつかせ、不倫関係や恋人になりすまし、別れさせる」というものです。違法なのか合法なのか微妙な感じもしますが、成功例もあり、実存しているのは確かです。表に出ない・出さないはずの成功例の実存ですが、お別れ工作が成功したあとに事件になり、工作がバレて裁判になっている例もあります。

それはともかく、気になる料金とシステムはどんな感じでしょう。

システムはいたって単純。前述のように工作する相手に異性を近づけ、食いつかせるというもの。料金表を見ると工作対象にランク分けしてあって、全体的に「男性」の方が「女性」より料金が安くなっていたりします。「据え膳食わぬは男の恥（女性から言い寄られ

ウエディング格言

女房は死んだ、俺は自由だ！
by ボードレール

た時に応じないのは男として恥）」なんて言葉が諺になるほど、男を落とすのは簡単なのでしょう。そして、男女だけでなく、対象相手によっても料金が変わります。レベルは三段階ほどに分かれていることが普通です。

まず、一番安い料金、つまり簡単だと思われてるのが「独身の男女」です。この辺だと工作期間で変わりますが、成功報酬を含めたトータルの金額で百万円程度です。

次の料金プランが「夫婦」などです。近づいて不倫させ、証拠写真を撮り、離婚に持ち込むという方法。だいたい二百五十万円程度です。

最高ランクの料金対象が「婚約中」で三百万円ほど。婚約中なのに二人を別れさせるってヒドイですね。夫婦の場合は「離婚を有利に」なんて本人自ら依頼することが多いようですが、「婚約中」の場合は、「娘にへんな男が……」「私の大好きなあの人を泥棒猫の女が……」という感じでしょうか。

こんな事件も実際に起きました。二〇〇七年、離婚したい夫から工作を頼まれた別れさせ屋が、対象相手の女性を誘惑し、離婚させました。別れさせ屋はそのまま女性と愛人関係を保っていたのですが、二年後に仕事（別れさせ業）だったということがバレて、女性を殺害してしまいました。二〇一〇年三月に判決が出て懲役十五年となりました。判決後に被害者の遺族は「別れさせ屋だけでなく、雇った夫も絶対に許さない」と気持ちを吐露しています。

やり方といい、知らないところで勝手に工作する手口といい、かなり卑怯なやり方ですね。法での規制が待たれます。

「お見合い結婚」と「恋愛結婚」

現在、お見合い結婚をする人は、全結婚数のわずか6％にまで落ちました。国立社会保障・人口問題研究所の調査によると、お見合い結婚は昭和初期には約70％ほどと、大勢を占めていましたが、徐々に減っていき、一九七〇年頃に恋愛結婚とお見合い結婚がほぼ半分になり、恋愛結婚が過半数を占めるようになりました。

しかし、バブル時期でも、まだ20％はお見合い結婚でした。一九九〇年代後半から一割を切り、最新の二〇〇五年の調査では6％台です。現在では、お見合い結婚は十六人に一人程度で、急激に少数派になってしまったんですね。

大勢を占めるようになった恋愛結婚派ですが、この中でも構造変化が起きています。それは「出会いの場所」。こちらも国立社会保障・人口問題研究所が調べていました。

この研究所は「今の奥さんと職場で知り合った」「幼なじみと結婚」「アルバイト先で恋愛関係になり……」など夫婦になったカップルの出会いのきっかけを％表示で調べています。固いお役所なのに、「どこで知り合いましたか」なんて柔らかいことを調べていたなんて、ちょっと意外でした。

最新の第十三回出生動向基本調査（二〇〇五）によると、現在「恋愛結婚」での一番のきっかけは「友人や兄弟姉妹を通じて」が約31％です。二番目は僅差で「職場や仕事で」が約30％。この二十～三十年ほどはずっと「職場や仕事で」が30％前後を占めて一位だったのですが、ここ十数年で「友人や兄弟姉妹を通じて」が急激に増えトップの座になりました。

ウエディング格言

よい結婚はあるけれども、楽しい結婚はめったにない。
by ラ・ロシュフコー

第三位は定番の「学校で」が約11％。この定番の「職場」「友人紹介」「学校」の三つで七割を超します。人口問題研究所の言葉を借りると「日常的な場」で出会っています。

ではそれ以外には、どんな形態が入っているのでしょうか。「街中や旅先」が4.5％、サークル・習い事が5.2％、アルバイトが4.3％、そしてお見合いが6.4％です。昔からよく小説やマンガの題材にある「幼なじみ」というのはちょうど1％。ここ二十数年はずっと1％ですし、それ以前にもせいぜい2％台なので、物語の題材にはなっても、実際には「幼なじみ」が結婚することは少ないようです。

恋愛結婚とお見合い結婚ですが、その後の二人の関係はどうなっているんでしょうか。たとえば恋愛結婚とお見合い結婚で、その後の夫婦の離婚率はちがうのでしょうか。

その点に関して、政府系の正式な統計や調査は見つけることが出来ませんでした。

しかし民間の調査では、離婚率が約四倍異なるとなっています。それによると、恋愛結婚の離婚率が40％だとしたら、お見合い結婚の離婚率は10％となっています。これはお見合いを勧める側の調査なので、やや色がついている可能性もありますが「お見合い」のほうが離婚が少ないというのは、割と多く見られる声のようです。

この点に関して、なぜ「恋愛結婚」と「お見合い結婚」の離婚率が異なるのか、複数の人に聞いたり、ネット上での意見を集めてみました。それらの声を紹介します。

「恋愛結婚は恋から始まるから最初は百点。その後結婚して、いろんな面が見えてきて減点が始まってしまう。反対に、お見合い結婚は最初はあまり印象なくても、一緒に過ごすうちに相手の長所に気づいたりして加点が始まる。」

「もともとお見合いは、お互いの条件を納得した上での結婚なので、現実と理想のギャップが少ない。幻滅度が小さい」「お見合いの場合は、結婚したあとにゆっくりと恋愛を楽しめる」などが挙げられています。

なんだか「お見合い」はいいことずくめのように見えますが、お見合いは「人に頼んで仲介してもらう」ものですし、それ以外にも「断るのがめんどくさそう」「最初から結婚目的なので、重すぎる」などデメリットな面もあります。

また、それとは別に政府が調査した面白いデータがあります。それは職業別の離婚率です。厚生労働省がかつて平成七年に職業別の離婚率を調べて公表したことがあります。その調査によると男性の場合、職業別で見ると一番安定して離婚が少ないのが「保安職」です。保安職は警備員、守衛、道路管理員、交通指導員、警察官などを指します。逆に一番離婚率が高いのがサービス職の男性。

標準化離婚率（人口千対）で比べてみると、サービス職の男性が七・六人に対して保安職は一・八人です。サービス職の男性は保安職の男性に比べ四倍以上も離婚する可能性が高いんです。全部の職種を合わせた男性平均でも二・九人ですから、サービス職は男性が突出しています。低い方を見てみると保安職についで低いのが農林漁業職の二・三人です。

農林漁業などについている男性のところにお嫁に来てくれる人がなかなかいないと報道されることもありますが、離婚率で見るかぎり安定した生活のようです。

逆に女性の方を見てみましょう。同じく標準化離婚率（人口千対）で見ると、一番数値が低いのが農林漁業職の一・三人です。そして逆に一番高いのが「運輸・通信職（女性トラック運転手や、バス運転手、電波技術員、タクシードライバーなど）の七・五人。次いで「保安職」の六・八人です。その次が「管理職」の六・一人です。

男性では一番離婚率が低い「保安職」が、女性では二番目に高く、また同じく男性では特に高くない管理職の離婚率も、非常に高くなっています。

これは一体どういうことでしょうか。筆者が思うに、女性が専門職（運転手、保安）や管理職についている場合は、経済的に安定しているので、比較的離婚しやすい状況にあるのではと考えています。

その他、別の民間調査で県ごとや地域ごとの離婚率などもいろいろ研究されています。概要を書くと、離婚率が低い地域は新潟、島根、富山、石川など北陸から東北の日本海側に集中しています。逆に離婚率が高い地域の共通性はあまり見られません。

また一番離婚率の低い新潟県と、一番離婚率の高い沖縄では一・七倍近くの差がありま す。どの県で結婚しているかによって、同じ日本でも離婚率は大きく変わります。

ウエディング格言

離婚は進んだ文明にとって必要である。
by モンテスキュー

まとめると、お見合い結婚と恋愛結婚を離婚率で見てみると、「恋愛結婚」の方が四倍近く離婚する可能性があります。また職業によっても、離婚率は大きく異なり「サービス職の男性」は「保安職の男性」より四倍以上高い確率で離婚しています。女性の場合には手に職をもっている専門職や管理職の方が離婚率が高い傾向があり、また地域によっても、離婚率に大きな差があります。

どこで、どんな職業に就いている方と、どんな方法（恋愛またはお見合い）で知り合って結婚するかで、こんなにも変わるんですね。

「制服の第二ボタンをください、先輩」

学生時代の甘酸っぱい思い出と共に思い出す、このタイトルのようなこんな光景。
卒業式で好きな先輩に後輩がねだるシーンが、映画などによく出てきますよね。
あれ、いつからある風習なんでしょう。

なぜ第二ボタンか調べたところ、学ランでは第二ボタンが一番心臓に近いので「心をあげる、心をもらう」ということからだそうです。

もっとも最近の制服はブレザーが多くなってきているので、第二ボタンは心臓から離れたところにあります。、ブレザーの第二ボタンの位置はお腹当たり。なんだか微妙な感じですね。

これは日本にしかない風習だそうです。

詰襟学生服は、もともと欧州で軍服などとして発達したものです。

敵に首を絞められた時に、詰襟は固いので、首を守ることが出来たそうです。

それが日本にも入ってきて、同じく軍隊の制服になりました。

召集令状をもらって、強制的に戦争に行かなくてはいけなくなった時に、もう二度と帰れないことを想定し、一番大切な人に「形見」として第二ボタを渡したのが始まりのようです。

第二ボタンをあげるのは前述のように、

「心に近いから」というのが、一般的に言われていますが、もっと現実的な理由もあった

Give the second button to me!!
please!

ようです。

それは「怒られないため」。

第一ボタンを取ってしまうと、だらしなくなり怒られるけれど、第二ボタンだと敬礼（手を胸にあてる）の時には手で隠れるために、発覚しにくかったからというもの。

欧州ではない風習ですが、日本では発達しました。


ところで、こんな風に好きな人に○○をもらう風習。

また婚活がらみで「○○をもらうとうまくいく」といういいわれなど、世界ではどうなっているんでしょうか。ちょっと調べてみました。


有名なのは「ブーケ・トス」。

結婚式で花嫁が後ろを向いて、ブーケを未婚の女性に向かって投げる習慣です。

日本の結婚式でもよく見かけますよね。

受け取った女性は「次に結婚出来る」と言われています。

こちらは歴史は古く十四世紀のイギリスが発祥。

もとは結婚式の参列者たちが祝福にあずかるために花嫁のウエディングドレスを引っ張って、ドレスに飾ってあった花や小物を取り合うようになったので、それを予防するためにブーケを投げるようになりました。さもしいような、切ないような。

このブーケ・トス。

韓国にも輸入されて、広く行われているんですが、ちょっと変わっています。

「ブーケを受け取った人が次に結婚する候補」までは一緒なのですが「もしブーケを受け取った人が六ヶ月以内に結婚出来なかったら、一生結婚出来ない」というおまけ付き。

なんだかこんな伝説があると、受け取りたくないような微妙な感じになりますよね。候補にはなるけれど、逃したら一生ダメみたいな。


日本では、あまりやらないのが「ガーター・トス」。

これは花嫁が左足に付けていたガーターを花婿が未婚の男性に投げるというもの。受け取った男性が次の「結婚出来る候補」です。

ガーターは、それまでに太ももに張り付いていてHな連想もあるため、結婚式でブーケ・トス、親しい仲間が集まっての二次会でガーター・トスとすることが多いです。

使わなかった右足のガーターは、赤ちゃんが生まれた時に赤ん坊用のヘアバンドとして使用すると幸福になれるといわれています。


ガーター・トスと同じ発想なのがブートニア・トス。

ブートニアは新郎の胸元を飾る花のことで、これも花婿が未婚の男性に投げ、同じように「次に結婚出来る」といわれるもの。

無作為に投げることもありますが、みんなで示し合わせて結婚間近そうなカップルの男女にそれぞれ「ブーケ」と「ガーター（もしくはブートニア）」が渡るようにすることもあるそうです。

ウエディング格言

愛はしばしば結婚の果実である。
by モリエール

もし今つきあってる人と一緒に共通の知人の結婚式に出ることがあるとしたら、「ちょっと結婚を意識させたいからブーケとガーターを渡るように根回ししてよ」と言ってみるのも手かもしれません。

なにがきっかけになるか分かりませんから。

「制服の第二ボタン」「ブーケ・トス」「ガーター・トス」「ブートニア・トス」と来て、好きな人にもらったり渡したりする究極にすごいモノは、やはり「指」でしょう。

これは宝永（一七〇四年〜一七一一年）に広まった風習です。

当時の遊女が、男性客に対し「あなただけのモノです」という誓いのために「指」を切って渡したというもの。

すごいですよね。

芸者の初めての夜を買い切る「水揚げ（処女を失う）」に近いものがあります。もっとやることはハードですが。

この風習が水商売の女性に広まりました。広まると共に、ちょっと軽めに「爪」なんてこともありました。この遊女から始まった「指切り」が、後に男性に移り、自分の誠実の証として渡したり、謝罪するために指を差し出すようになったのが「指ツメ」です。

ちょっと恐い話になってしまいましたが、恋愛成就のおまじないや、結婚に近づくための婚活の風習は時代や国によって変わってくるものですね。

合コンの歴史はたった30年

出会いの場としての合コンはいつの頃からあったのでしょうか。

ちょっと調べてみたところ、合コンが盛んになったのは一九八〇年代から。

それまでは、そんなにはありませんでした。

もともと会社で行われる「飲み会」とは別に、学生同士が飲むことを「コンパ」と言っていました。

明治期など、かつての大学はほとんど男性しかいなかったので、同じ学窓の主に男性が親睦を深めるために「コンパ」を開きました。

そもそもの語源はラテン語の「compania（食べ物をわけあう仲間）」から来ています。

まあ昔のコンパはほとんどが男性だったのですね。

言ってみれば野郎の飲み会です。

それが一九八〇年代になってから、女性の大学進学率が急激に上がってきます。

そのため大学に男性だけでなく、女性の姿がたくさん見られることに。

十八歳～二十二歳なんて、まさに色んな意味で青春まっさかりですから、当然「合同コンパ」の名のもとに、「恋人探しの飲み会」が始まりました。

実際に筆者が大学生だった一九八四年～一九八八年はバブル真っ盛りということもあり、非常に合コンも盛んでした。

平成になってから、合コンは恋人探しというより「お友達探し」の面も強くなりますが、

ウエディング格言

結婚は、デザートより前菜が美味しいコース料理である。
byオーマリー

いずれにせよ一九八〇年代の「合コン」は、まさに恋人を探すための最強のツールでした。もちろん、男が女が異性を求めるのはいつの時代にもあること。それ以前にも「合ハイ（合同ハイキング）」などもありましたが、その辺の居酒屋で男女が語り合える手軽さもあって、合コンは大流行しました。

「一気飲み」「一気コール」なども、このあたりの流行です。

一九八五年には「イッキ！　イッキ！」が流行語大賞を受賞するほど。

その後は、いろんな恋人探しのツール（出会い系、ネット、オフ会）の拡大もあり、必ずしも「合コン」だけではなくなり、今はあくまで選択肢の一つという感じのようです。

実際に今の二十代の人に話を聞いてみても「あまり合コンは行ったことがない」や「一回もない」という人も珍しくありません。

また合コン自体も「異性を獲得する」というのが共通認識であった一九八〇年代からくらべて、かなり「お友達作り」という面も強くなっているようです。

もちろん、今でも「合コン命」の人もいますし、「いい人がいれば」という人も多いでしょうけれど。

合コンですが、海外でも実はあります。

ドイツでは「フェテ」といいます。形はあまり変わりませんが、店を使うより自宅でのパーティ形式で行うことが多いようです。

韓国では「ミティン」。英語のmeetingミーティングから来ています。これは日本の合コンにそっくりです。

結婚前の男女のつきあいが禁止されているイスラム社会などは別として、ほとんどの社会では「合コン」の役割を果たしている「なにか」があると考えていいでしょう。

古代の日本でも「歌垣（若い男女が決められた日時に集まり、和歌をうたうもの）」が開かれ、そこで異性を見つけていたくらいですから。

最近の合コンですが、いろんな形に分化しています。

「趣味コン」「空コン（飛行機の中で合コン）」「オタク合コン」「ぽっちゃり合コン」「草食合コン」などなど。

また「農コン」なんてのも、テレビで取り上げられ二〇〇九年に話題になりました。

これは「一緒に農作業するコンパ」だそうです。

第5章

最近の婚活

持参金・結納金を夫が負担する国・妻が負担する国その理由は？

結婚する時、男性側から女性側に贈られるのが結納。女性側から男性側に贈られるのが持参金です。世界には「結納」「持参金」どちらの制度もあるのですが、どうしてこの制度が始まったのでしょう。

いろんなパターンがあるのですが、代表として「日本の結納」「インドのダウリー《持参金》」を見てみます。

まず、日本の結納です。

これは歴史が比較的ハッキリしていて、今から約千六百年前のことです。前方後円墳で有名な仁徳天皇の皇太子（のちの第十七代・履中天皇）が羽田矢代宿禰の娘、黒媛をお妃に迎えた時に、両家でお祝いの宴会が開かれ、その時に酒や肴を贈ったのが始まりとされています。そこから、両家が「結」びつくことを祝い、贈り物を「納」める儀式に発展し、やがて「結納」と呼ばれるようになりました。

千年ほど、ひっそりと天皇家内だけで行っている儀式だったのですが、今から七百年ほど前の室町時代あたりから、公家や武家に広がり始めました。その結納が庶民にまで広がったのは比較的最近で、明治初期あたりです。現在では、正式な形で結納を行おうとすると小笠原流とか伊勢流とか流派があるほど格式ばってますが、最初はただの宴会への差し入れから始まってます。

もし、仁徳天皇家から羽田矢代宿禰家への差し入れでなくて、逆だったとしたら反対になったのでしょうか。ちょっとした歴史のイタズラですね。

ウエディング格言

金のために結婚するものは悪い人間であり、恋のために結婚するのは愚かな人間である。
by サミュエルジャクソン

仁徳天皇も、まさか自分が息子のお祝いの宴会に贈った酒や肴が、千七百年間も人々に正式に儀式として残るとは思わなかったでしょう。

今でも、皇族で結婚が行われる時の結納（納采の儀）では、当時の名残で贈り物は「魚（雌雄の鯛）と酒（瓶三本）と緞子《どんす》（織物の一種）」と決まっています。

日本から離れて、逆に女性側から男性側に贈る「持参金」の歴史を見てみます。代表として「インドのダウリー《持参金》」を扱います。

このダウリー、非常に高額なことで有名です。日本の結納の場合はせいぜい数十万から百万円程度。月給の二〜三ヶ月分が相場です。対するインドのダウリーは年収の二〜三年分は当たり前です。日本の価値に直すと「持参金は一千万〜一千五百万円」という感じです。非常に高額のため「娘が三人いたら、マハラジャでも家が傾く」なんてインドでは言われています。

インドのダウリーは、ヒンドゥー法の下で平等な財産を与えられていない女性に対し、実家側が財産分与として分け与える性格のものでした。婚家に向かう女性に対し「女性の個人財産」として渡していたものです。だから高額なんですね。それが、いつのまにか新郎側にそのまま取られるお金になってしまっているのが現状です。

ダウリー目当ての結婚も多く、またダウリーが少ない女性に対しては嫁いでからの虐待などもあり、大きな社会問題になっています。また結婚するたびにダウリーが貰えるため、それを目当てに結婚しては女性を殺し（家庭内の事故として処理）、また再婚するといった最悪のケースも多発しています。政府も何度か「ダウリー禁止法」を制定しているのですが、全くと言っていいほど守られていないのが現状のようです。

もともと持参金は、結婚後の娘の幸せのために親が与えるもの。持参金が大きいことで妻としての地位も上がりますし、新郎側に「娘をいじめるなよ、よろしくな」という意味があります。しかしインドの持参金制度は、むしろ「イジメの温床」になってしまっています。


こう書くと、持参金は悪いもののようになってしまいますが、本来は結婚する両家が二人の将来を祝して贈るものです。結納にせよ、持参金にせよ、新しく家庭を築く二人のために使われるのであれば、良い制度ではないかと思います。

結婚する若い二人はまだ財産もあまりないことが多いですが、新生活をスタートするにはなにかとお金がかかります。

昔に戻っても、古代ローマでも持参金の制度はありました。また古代ギリシャでは持参金制度に加え、結納の制度もありました。お金は新しい夫婦が必要とすることが多いので、過去からずっと続いている制度なのでしょう。これからも形は変わっても、似たような制度は残ると思います。


次は、ちょっと珍しい持参金の話をします。

インドの大都市ボンベイ（現ムンバイ）は、都市全体が持参金でした。ポルトガルのカタリナ王女が、一六六一年にイングランドのチャールズ二世と結婚するときに、持参金として贈られたのがインドのボンベイと北アフリカのタンジールでした。

ウエディング格言

金がなくて恋愛結婚をすれば、楽しい夜と悲しい昼を持つ。　by ヨーロッパのことわざ

当時、ポルトガルが両都市の権利を持っていたからですが、当時でも人が大勢住んでいただろうに、勝手に二つの都市を持参金にするとはすごいですね。二つの都市をもらったイングランドですが、後のイギリスはこの両都市を重大な海外進出の拠点としました。ちょとした、でも大きな、結婚するにあたっての持参金が、その後の国の行方まで方向付けたんですね。

そういえば、現在では「子どもにプレゼントを贈ってまわるサンタクロース」も、もともとは持参金の聖人でした。

サンタクロースのモデルになったのは、四世紀に東ローマ帝国小アジアの司教だった聖ニコラオスです。聖ニコラオスがなまってサンタクロースになりました。聖ニコラオスには、こんな伝説があります。

あまりに貧しいために、三人の娘を嫁がせることの出来ない家の存在を聞いた聖ニコラオス。こっそり真夜中に家を訪れ、屋根の上から煙突経由で金貨を家の中に投げ入れました。その時、暖炉にはたまたま靴下を乾かしていたので、その靴下の中に金貨が入りました。その金貨のおかげで娘三人は結婚することが出来たそうです。現在、十二月二十四日に靴下の中にプレゼントを入れる風習は、ここから来ています。個人的には、煙突経由で暖炉に金貨を投げ入れるなんて、溶けたり、気づかなかったりしないか心配になりますが、まあ伝説なので、そこは大目に見てください。

日本女性が結婚出来る年齢が16歳から18歳になりそうです 原因は民主党政権

タレントの三船美佳さんは、高橋ジョージさん（虎舞竜）と十四歳の時に知り合い恋愛関係に発展、そして十六歳の誕生日に結婚しました。二十四歳年上だった四十歳の高橋ジョージさんとの結婚は、当時いろいろ話題になりました。

日本では、女性は十六歳から、男性は十八歳から結婚出来ます。これは民法七三一条で決められています。この規定については「男女に年齢差があるのは男女差別でないか」「十六歳の女性が結婚出来るということは、青少年条例違反（夫婦で性交するため）でないか」など批判が今までもありました。

ところが、この「女性は十六歳から結婚」が、変わる可能性が出てきました。その原因は自民党から民主党に政権が変わったことです。二〇一〇年五月現在、民主党が政権を取っていますが、その民主党が以前から進めているのが「女性の結婚年齢を十六歳から十八歳にする」こと。政権を取ってから、さっそく法令化に向けて動いています。でも、どうして「十六歳」から「十八歳」に引き上げるのでしょう。

その大きな理由は「早く大人になってもらいたいから」です。やっていることと逆のような気がしますが、そうではありません。ひとつひとつ追っていきましょう。

そもそも結婚可能年齢が現在のような形に定められたのは明治時代の民法が最初です。なぜ女性と男性の結婚年齢に差がある形で規定されたかというと、主に次のような理由で

ウエディング格言

結婚前には両目を大きく開いて見よ。
結婚してからは片目を閉じよ。
by フラー

した。

女性の方が、肉体的にも精神的にも早く成熟する。男性の方が女性をリードする必要がある。女性は多少若くても特に問題はない。世間の夫婦の年齢を見ると、夫が年上のことが多い。などでした。

このような状況を検討した上で、明治時代に規定が作られました。

戦前までは「女性十五歳、男性十七歳」で結婚出来たそうです。それが戦後に改正され「女性十六歳、男性十八歳」となりました。改正されるときに、二歳の年齢差はそのまま変更されることなく残されました。

それが今になって「女性も十八歳」になろうとしています。その理由は先に書いたように「早く大人になってもらいたいから」。

民主党の主張は次のようになります。

現在は二十歳が成人とされている。選挙権も二十歳からだし、酒・タバコも二十歳から。
これを見直し、そもそも「成人は十八歳から」に規定し直したい。
十八歳での経済的自立は可能だし、また世界の趨勢は「十八歳以上で成人」になっている。

だから「十八歳で成人」と規定し直したい。選挙権も十八歳から、また刑法に関しても二十歳でなく、十八歳を「少年法」と「成人用刑法」の境目とします。今までは、未成年の結婚は、「大人（保護者）の許可が必要」とされていました。

しかし法律が変われば、十八歳で大人なので、特に許可なく自由に出来ます。これは成人としての権利です。

また男女共に十八歳にすることによって、男女の年齢差の問題もなくなります。というのが民主党の主張です。

つまり「女性の結婚年齢を十六歳から十八歳に引き上げる」という話でなく、それよりも「成人年齢を二十歳から十八歳に引き下げる」のが大目的。その中の一つの話なんですね。たまたま女性の結婚だけは十六歳からという規定があったために引き上げの形になりましたが、他は全部二十歳↓十八歳の引き下げです。

民主党政権が続けば、早ければ数年以内に「女性の結婚は十八歳から」になる可能性があります。もう三船美佳さんのように十六歳で結婚することは、しばらく出来なくなる可能性があるんですね。

では実際に十六歳、十七歳で結婚した女性はどのくらいいるのだろうと調べてみました。厚生省の平成十七年度の統計によると、平成十七年に十六歳で結婚した女性は六百八十六人（うち初婚は六百八十三人）、十七歳で千八百二十四人（初婚は千八百十六人）でした。十六歳、十七歳合わせて二千五百十人です。

ウエディング格言

結婚をしばしば宝くじにたとえるが、それは誤りだ。
宝くじなら当たることもあるのだから。
by バーナード・ショウ

十六歳、十七歳女性の総人口は約百二十四万人ですから、約五百人に一人が結婚してる計算になります。かぎりなく少数派です。

十八歳からは、ぐっと増え五千四十二人（十八歳女性）、九千六百四十七人（十九歳女性）と増加し、二十歳以上は一気に万単位の人数になっていきます。

法律が変われば、十六歳十七歳の結婚は出来なくなりますが、逆に十八歳と十九歳は結婚しやすくなります。

今まで必要だった「保護者の同意・許可」がいらなくなるからです。

十八歳、十九歳（男女計二百五十万人）の層が「もう成人なので、自分の判断だけで結婚出来る」ことになります。

十八歳といえば通常、高校三年生の誕生日にあたります。現在、日本の高校進学率（専門学校など含む）は98％前後です。

今、セーラー服やブレザー制服を着て通学している若者たちが「自分の判断で結婚出来る」日も近いかもしれません。

出来ちゃった婚は究極の婚活か？数字から探る

「雅史君。私、どうやら、お腹に赤ちゃんが……。責任とってくれるわよね！」

「え、えええ〜」


男なら一度は想像する悪夢の一つです。

嬉しい人も中にはいるかもしれませんが。

「その気はなかったのに妊娠したので、慌てて結婚する」、いわゆる「出来ちゃった婚」が最近増えています。


特に若いタレントさんなどは「出来ちゃった婚」しかないんじゃないかと思うくらい、多い印象がありますね。

辻希美さんと杉浦太陽さん。

ダルビッシュさんとサエコさん。

広末涼子さんと岡沢高宏さん（現在は離婚）

山口達也さん（ＴＯＫＩＯ）とモデルＡ子さん。

などなど。


二〇〇九年は、映画「ＲＯＯＫＩＥＳ-卒業-」が大ヒットした佐藤隆太さんが二十三歳の一般女性と、人気お笑いタレントの松本人志さんが元お天気お姉さんと、「出来婚」して話題になりました。

日本だと「出来ちゃった結婚」ですが、
アメリカでは「ショットガン・ウエディング」と言います。
妊娠した娘の父親が相手に散弾銃《ショットガン》を突きつけて結婚を迫ることに由来します。
「この場で死ぬか、娘と結婚するかどちらを選ぶ？」という究極の選択。
取りあえず、死ぬのはイヤなので、やっぱり「結婚」を選ぶのでしょうか。

厚生労働省が、この「出来ちゃった婚」の割合を一九八〇年から調べています。
一九八〇年　10％
一九八五年　14％
一九九〇年　17％
一九九五年　19％
二〇〇〇年　24％
二〇〇四年　26％
まさに右肩上がり。
結婚の四分の一以上を占めています。
建前の統計が並ぶ公的な数字でこうですから、事実上の「出来婚」はもっと多いかもしれません。
ウエディング会社などによると「出来婚」は三〜四割を占めるのではないかとのこと。
「とにかく妊娠」してしまう。
これ、意外と究極の婚活かもしれません。

結婚に二の足を踏む男性は多いですが、Hに二の足を踏む男性はたぶん少ないです。

ほんと男性って、そういう意味ではバカですから。

厚生労働省の「デキ婚」調査ですが、年齢別の統計も取っています。
妊娠した女性の年齢を基準にして、
三十歳以上だと一割。
二十五歳～二十九歳だと二割。
二十歳～二十四歳だと六割。
そして
十五歳～十九歳だと、なんと八割が「出来婚」です。
若いって素晴らしい！
いろんな意味でやる気満々です。

コンドームに小さな穴を開けるなど、意図的な「出来婚」を狙うことに対して、「卑怯」「子どもの命をダシに結婚するのか」「中絶強制されるかも」「妊娠しても結婚出来るとは限らない」など様々な意見がありますが、それでも「結婚」に至る非常に強い要因であることは間違いないようです。

しかも、交際期間はあまり関係なく、妊娠が分かってから結婚までが非常に短い（数ヶ月）ことが普通ですから「シンプルかつ能率は良い」婚活です。

そういう意味では「出来婚」は婚活として非常に能率がいいのですが、もともと「予定

ウエディング格言

独身者とは妻を見つけないことに成功した男である。
by アンドレ・プレヴォー

外」だったこともあり、離婚の可能性が高い可能性があります。

「出来婚」夫婦がどの程度離婚するかの専門的な数字はありません。

でも、年齢別に「出来婚率」と「離婚率」を大まかに並べると次のようになります。

年齢	出来婚率	離婚率
十九歳以下	80%	60%
二十〜二十四歳	60%	40%
二十五〜二十九歳	20%	20%
三十歳以上	10%	10%

見事に相関関係を描いています。

「出来婚」は非常に強い「婚活」ですが、離婚率も高いんですね。

また、結婚相談所のページなどを見ると、経験的に「恋愛結婚（全体の約九割）」より「お見合い結婚（全体の約一割）」の方が離婚率が低いそうです。

意図的な「出来婚」は結婚の成功率は高いけど、ハイリスク・ハイリターンの婚活という感じでしょうか。

「結婚制度反対運動」とは

『ハッピー アンチ ブライダル パレード 〝反婚おめでとう!〟』というデモが二〇〇八年十月に京都で行われ、新聞報道されるなど、ちょっとした話題になりました。

こうして団体としてデモしたりするのは珍しいことです。

しかし個人レベルでは「結婚制度に反対」「今の婚姻制度は疑問に思う」「結婚によって得るものもあるが、失うものも多い。いっそのこと婚姻制度自体をなくしてみたら」なんて意見がいろんな媒体で散見されます。

あのインターネット巨大掲示板「2ちゃんねる」でも「結婚制度はあった方が良い派?廃止派?」なんて議論がマジメに行われていたりします。

「自分は結婚したくない、独身でいい」というような「非婚宣言」ではなく、結婚制度そのものへのアンチテーゼ「結婚制度の廃止」を訴えているのが特徴かもしれません。

一見「反結婚運動」なんて聞くと過激な感じがします。

それに「結婚をしたくなきゃ、勝手にしなきゃいいじゃん」「既婚者の私の生活を否定するのか」みたいに感情的な反発も出やすい話題でもあります。

でも、普段当たり前に思っている制度や慣習について、見つめ直すいい機会でもあるのは確かですね。あえて「婚活」への一つの立場として「反婚」を取り上げてみたいと思います。

『ハッピー アンチ ブライダル パレード 〝反婚おめでとう!〟』を企画したのは「陽のあ

ウエディング格言

結婚生活をいくらでもほめたたえてよい。しかし自分自信は独身でいたまえ。　　by フィールディング

たる毛の会」です。ちょっと面白い名前ですね。

この「毛」は「陰毛」を暗喩しています。

「陽のあたる毛の会」のHPや、2ちゃんねるなどでの各種「結婚制度に賛成・反対」論争、個人の方のブログなどから「反婚」の立場をさぐってみましょう。

まず、そもそも「結婚」とは、この日本でどう規定されているのでしょうか。

日本には海外のように専門の「結婚の法律」はなく、民法第四編「親族」の中の一部分として、民法第七三一条〜七七一条に「婚姻」が何項目が規定されているのみです。

法律などでは「結婚」でなく「婚姻」というんですね。

このように、法律から見ると、日本では「結婚」は独立したものではなく、あくまで「親族（家制度）」などに組み込むための一制度と位置づけられているのが見てとれます。

その中身を見てみましょう。

基本的なこと（「男十八歳、女十六歳」「異性とだけ」「重婚禁止」）は有名ですが、結婚を一種の契約だと考えて規定を見てみると面白いことがいろいろ新発見出来ます。

まず結婚は未成年者は保護者の許可が必要ですが、大人（二十歳以上）なら自由に出来ると思われがちです。

しかしそれだけでなく「大人の保証人が二人以上」要ります（七三九条）。

たしかに言われてみれば「婚姻届け」を出す時に、保証人の欄がありました。

あなたが四十歳でも五十歳でも、保証人が二人以上いなければ制度的に結婚出来ません。本人同士はＯＫでも、保証人になってくれる人が誰もいない。

こんな場合には結婚出来ないんですね。

また、法律上は「夫婦は一緒に住まないといけない」ことになっています。

これは「名前（氏）を一緒にしなければいけない」と並びで法律で定められているのですが、守らなくても実質誰も処罰されていない不思議な規定です。

単身赴任とか想定していない時代に作られたのかもしれませんが、二〇〇〇年にこの部分が改訂された時も、そのまま残っています。

また大きいのが「扶養義務」です。結婚相手を経済的に扶養する義務があります。

かぎりなく相手に義務を負います。

当然！　と思うかもしれませんが、世界ではそうでもありません。

デンマークなどでは夫婦は同じ家でも別会計が基本。

一緒に夫婦でレストランに行っても「自分の分は自分の財布」で払うほど。

さらに、親族が生活保護等を申請したら「あなたは扶養出来ますか？」と質問状が来たりします。夫婦だけでなく、相手の「親族制度」にも組み込まれているので、そこまで範囲が及ぶんですね。結婚してるからこその「損」かもしれません。介護なども絡んで来ます。

そして、結婚したら浮気は禁止です。

独身時代の浮気は痴話ゲンカで済みますが、夫婦だと法律的に「不貞行為」という扱いになり、法的責任が問われます。

つまり「一生、その人とだけ限定」と自由がなくなるんですね。最近は守ってない人も多いようですが。

また、結婚にあたり、どちらかの氏に統一しなくてはいけません。

これに関しては「夫婦別姓案」が現在討議されていますが、制度的に難しい問題もありなかなか成立は難しそうです。

こうしてみると、単に「愛する二人が永遠の愛を誓って」という面のほかに、結婚を機会にいろいろな社会的な制約やシステムに組み込まれるのが分かります。

税金上でも、結婚しているかしていないかで、大きな差が出ます。

これら個人のいろいろな思いや、結婚システムへの不満が重なって、すごい潮流というわけではありませんが、「反婚」運動が存在しています。

実際に筆者の昔の知り合いに「名前変えるのがイヤだから法的結婚はしない」と言っていた女性がいます。では女性の氏に統一すればいいと思いましたが、彼の両親が反対で、それも出来ないとのこと。

「親が『結婚しろ！』とうるさい。個人の自由のはずなのに。こんなうるさいなら結婚制度自体がなくなればいいのに（四十歳キャリアウーマン）」なんてシンプルな個人の意見もあります。

結婚制度が全部なくなるとは思いません。

また「自分は結婚しない」の非婚ではなくて、「結婚制度そのものの反対」の反婚運動はちょっと過激かなとも感じます。

しかし、こうしたいろいろな問題提議がされて、どんどん良い方向へ、柔軟な方向へ結婚の形も変わっていければと思っています。

ウエディング格言

ウエディングケーキはこの世で最も危険な食べ物である。
byアメリカのことわざ

婚約指輪は給料の3ヶ月分は指輪を買ってほしい企業のプロモーション戦略

「婚約指輪は給料の三ヶ月分」。

一度や二度は、この言葉を人生のどこかで聞いたことがあると思います。これ、いつから始まったんでしょうか。また世界中で同じなんでしょうか。

古代ローマ時代（紀元前七五三年〜）には、すでに愛する人々の間で婚約指輪は交わされていました。ただし当時は鉄などで出来ていたようです。日本では、まだ弥生時代の頃です。

やがて裕福さを表す象徴として指輪には貴金属などが使われるようになりました。のちにキリスト教が出現し、結婚の証しとして指輪の交換を認め始め、やがてより広くの人々に伝わります。

現在、一般に使われているダイヤモンドの婚約指輪が流行し始めたのは十五世紀から。しかし当時はあまりダイヤモンドは取れなかったので、あくまで貴族間での流行でした。一般民衆にまでダイヤモンドの婚約指輪が使われるようになったのは、十九世紀後半になってから。大きな要因は、南アフリカで大量にダイヤモンドが産出されるようになったからです。

そのダイヤモンドの婚約指輪が日本で広く使われ出したのはかなり最近で、一九七〇年代からでした。

世界のダイヤモンド市場を寡占《かせん》していたデ・ビアス社が新たな商売先として、戦後の廃墟から経済成長を遂げお金持ちになった日本に目をつけたのがきっかけです。高度成長期

の日本がダイヤモンドの大きな輸出先・消費先として選ばれたのです。現在、中国に各国がこぞって進出しているように、一九七〇年代は日本が新興富裕市場でした。

その時、日本向けに作られたキャッチコピーが「婚約指輪は給料の三ヶ月分」です。このキャンペーンは大成功を収め、ほとんど刷り込みのように「婚約指輪は給料の三ヶ月分」と人々の意識に入り込みました。今でも広告業界では「大成功した広告」として教科書に載るほどです。

現在では、最初は広告だったと意識されないくらい人々の脳裏に「常識（?）」として刷り込まれているのですから、まさにすごいことですよね。

こうした習慣化を狙ったキャンペーンの似た成功例としては「バレンタインはチョコレートを贈ろう」「土用の丑の日にはうなぎ」などが有名です。

同じ会社はアメリカでは「婚約指輪は給料二ヶ月分」というフレーズで宣伝しています。日本人の所得・消費性向・人々の心理などを分析し、このキャッチコピーを作ったと言われています。でも、この一ヶ月の差はなんでしょう。

「婚約指輪は給料の三ヶ月分」が日本に入ってきてから四十年近く。ところで、実際に「三ヶ月分の給料」を使っているんでしょうか。

厚生労働省が調べた平均月給は男性で三十三万三千七百円です（平成二十年賃金構造基本統計調査より）。三ヶ月分だとちょうど百万円を超します。しかし、実際に購入される婚約指輪は三十万〜四十万円が主流。

これから結婚しようとする人は、なにかと入り用なので百万円もするダイヤモンドは買っていられません。そのお金があれば、他にいろいろ購入したり用意したい物があるようで、「三ヶ月分」どころか「一ヶ月分ちょっと」が現状のようです。

それでもキャンペーンとしては大成功で、いまだに「婚約指輪」といえば数ある宝石の中でダイヤが主流ですし、いまだに「給料の三ヶ月分」という観念があります。

この「婚約指輪は給料の三ヶ月分」に見られるように、ダイヤモンド業界は、すごい巧みにイメージを作って成功している分野です。たとえば「ダイヤモンドは永遠に」というキャッチコピーがあります。

これは、実はダイヤモンドの転売を防ぐのが目的のキャッチコピー。中古品が市場に出回ると値段が下落するので、こうしたキャッチコピーで女性がダイヤモンドを転売に出さないように、心理的に暗に説得しています。

また、ダイヤモンドは硬いので有名なので、丈夫なイメージがありますが、実はすごくもろい製品です。

ダイヤモンドは炭素が集まったものです。石炭や鉛筆の芯などと物質的にはあまり変わりません。ただの炭素がすごい圧力で、ぎゅ〜と集められ、結晶体になったのがダイヤモンド。

炭素ですから、簡単に燃えます。条件により温度は多少異なりますが、ダイヤモンドは約九百度から燃え始めます。火の温度でいうと、タバコの真ん中で約八百五十度、ロウソの外側が約千四百度、都市ガスで約千七百度、マッチの火が約二千五百度です。ですから

ウエディング格言

結婚する。まだ多少は愛したりもできる。そして働く。
働いて働いて、そのあげく愛することを忘れてしまうのである。
by カミュ

簡単に燃えてしまいます。

硬いイメージから、火事などにあっても金属と同じように大丈夫なイメージがあるかもしれませんが、ダイヤモンドは簡単に燃えるのであっという間に石炭と同じに「燃えかす」になってしまいます。

婚約指輪ですが、いまだに「三ヶ月分」のイメージは残ってますが、少子化や消費需要の冷え込みでブライダル需要は落ちているため、なかなか以前のようには売れてないようです。

デ・ビアス社ですが、二〇〇八年にとうとう「二十万円婚約指輪」を発売し話題になりました。高価格と低価格の二極化する市場に対応した戦略の一つのようです。

また、新たな需要も作り出そうとしていて、その一つが「結婚十年目にダイヤの指輪を贈ろう」の「スィートテンダイヤモンド」です。

こちらは「三ヶ月分」のように広がるのでしょうか。

「無重力結婚式」「水中結婚式」「バンジージャンプ結婚式」「商店街結婚式」……

「ディズニーランドで結婚式を挙げたい！」

「水族館が大好きだから、水族館で式をしたい。それもただ会場として水族館を使うのでなく、出来れば何千匹も泳いでいるメイン水槽の中にスキューバの格好して、その中でキスするとか」

「電車貸し切り婚なんてのもあるみたいだよ」

「それを言ったら、宇宙での結婚式を挙げたカップルがいたみたい」……などなど。

世の中には「変わった結婚式」が意外にたくさんあるものです。

実際に筆者も十数年前に一回だけ「電車結婚式」に出たことがあります。

六車両くらいの電車全部を三百人で貸し切りにして、東京を出発して箱根の方まで行って帰って来るルートでした。

普通にガタンゴトンと揺られながら料理を食べたり式をやったり。

新郎は現役の電車運転手さん。新婦は一般女性（筆者の知人）でした。

二人は「鉄道愛好会」サークルで知り合ったそうです。

新郎は式当日は運転せずに、主賓として振る舞い、職場の同僚が運転していました。

昔のことなのでちょっとウロ覚えですが、費用は全部で七百～八百万円と言っていました。参加者がお祝いとして一人二～三万円包んでくれたら、プラスマイナスゼロですね。

実際に後で聞いたら「ギリギリ赤字にはならなかった」と新婦はつぶやいていました。

「お座敷電車」なども走らせてますから、結婚式をやろうと思ったら、電車各社は意外に

ノウハウはあるのかもしれません。

大阪には完全に中でパーティ出来る路面電車があります。阪堺線がそれ。動物園や美術館で有名な天王寺などを出発して、のんびり二時間ほど貸し切って五万五千二百円。

電車なので火気が厳禁だけど、飲食や飾り付けは自由。

料金にはゴミ処理費も入ってますから騒いだ後の片付けもやってくれます。

ただしカラオケ使用は、別途三千円かかります。これは別途設置するためです。

新型車両「モ７０１形」を貸してくれて、三十五人までＯＫ。

一人当たりにすると千五百円ちょっとの費用で済みます。

女性の憧れ（？）の「ディズニー結婚式」はどうでしょう。

こちらは正式にディズニーリゾートの公式ＨＰに「夢のような結婚式を」と見積もり付きで載っています。

気になるのは、ずばりお値段です。

ディズニーランドのすぐ隣にある「アンバサダーホテル」でも、ディズニーシーの中にある「ミラコスタ」でも五十人で三百万円前後ほど。

これが「夢」を買うお値段です。意外にリーズナブルな気がしました。

ちなみに筆者のり・たまみの一人「のり」はディズニーランドのある浦安市出身。

そのため妹はディズニー関連のホテルで結婚式を挙げています。

他にも珍しいというか、結婚式の形態はたくさんあります。

たとえば「水族館水槽結婚式」。新江ノ島水族館などで行えます。単に水族館を会場にして結婚式を挙げるだけでなく、約八千匹のマイワシや二メートルのサメなどが悠々と泳ぎ回る、水族館最大の『相模湾大水槽』内にスキューバダイビングの格好で入って、水中結婚式が挙げられます。

公式ＨＰによると「魚前挙式」とのことで、費用は四十二万円から。もちろん友人など参列者は大歓迎。

同水族館では水中に入らなくても「イルカショースタジアムでイルカ前挙式」(三十一万五千円～)なんてのもあります。


羽田空港でも「エアポート ウエディング」をやっています。専用会場での式を含めて五十五万ほどという感じです。

こちらは飛行機貸し切りや操縦席に入れるわけではなく、単に空港内の会場施設で行うので、滑走路をバックに写真撮ったりするものでした。少し物足りないかもしれません。

もっとも「ジャンボ飛行機貸し切り」なんてしたら大変な金額でしょうけれど。


「無重力結婚式」もあります。

二〇〇九年六月にアメリカのカップルが行い「世界初」として話題を呼びました。

よく無重力の映像は見ることあるので、誰かが「無重力結婚式」をすでにやってると思いましたが「結婚」は初めてだったんですね。意外です。

ウエディング格言

結婚式もお葬式も同じようなものです。違うのは、もらったお花の香りを自分でかげることくらいよ。
by グレース・ハンセン

ともかく無重力飛行用の航空機G-FORCE ONEに乗り、雲の上で無重力状態になりながら、無重力で誓いを交わし、指輪を交換するというもの。

報道によると無重力状態のためキスはぎこちなかったそうです。

その時の写真を見ましたが、無重力のため参列者は逆立ち状態だったり、空中にクルクル回ってたり、ちょっと大変そうでした。費用は不明ですが、高そうですね。


さらに一歩いって「宇宙空間での結婚式」も民間の会社によって企画されています。

それもなんと日本の会社です。すでに予約は開始されています。

もし第一号で実行したら世界中に配信されることは間違いなしでしょう。

宇宙空間まで飛ぶので、事前にアメリカに行き数日間の訓練やドクターチェックを受けるそうです。そして小型の宇宙船「ロケットプレーンXP」号で高度百キロの宇宙空間へ。飛行時間は一時間ほど。費用は二億四千万円！　です。

たしかに高いですが「世界初で一生の思い出」として名を残すとしたらありなのかもしれません。


他にも「バンジージャンプ結婚式」「商店街結婚式」。

それに入園者や動物を前に永遠の愛を誓う「動物園結婚式」などいろいろあります。


結婚式は人生で一度だけ。

なら一度だけ冒険して、すごい結婚式をやってみるのもいいかもしれませんね。

同じ結婚式を挙げるのに「大安吉日の日曜日」と「仏滅の平日」だとどのくらい料金ちがうの？

「仏滅って、どんな日？」って聞かれたら、どう答えます？
「なんとなく昔の風習で、悪い日とされた日のこと？」こんなあたりでしょうか。
カレンダーを見れば書いてあるけれど、普段はそもそも「今日は仏滅？　大安？　先勝？　友引？」なんて分からないのが普通です。結婚式や葬式の日取りを考える時以外では、ほとんど意識しないものです。

「仏滅」ですが、六日に一回は必ず訪れます。意味は「仏も滅するような大凶日」です。もともと「空亡」「虚亡」とも言ってましたが、これらすべてが虚しいと解釈され、最後に「仏も滅する」日になってしまいました。

「仏滅」とか「大安」は六曜といって、現在の「月火水金木土日」と同じように使われていました。一月を三十日としてそれを五等分して六日で一週にしたのが始まりです。現在は「月火水金木土日」と七つの曜日が一般的ですが、一週間が六つの曜日の時もあったんですね。ちなみにフランスでは一週間が十日のこともありました。

もともとは曜日の一種だから「先勝・友引・先負・仏滅・大安・赤口」と順番に回っていました。ただの順番だったのですが、民間信仰として「日の吉凶」と結びついて現在に至ります。そういう意味では星座占いに近いかもしれません。

仏滅の次の日は有名な「大安」。これはなぜか吉日とされ「なにをやっても吉。成功しないことはない日」とされています。仏滅が最悪なのに比べ、大安は最高です。

ウエディング格言

結婚――いかなる羅針盤もかつて航路を発見したことのない荒海。 byハイネ

こうした六曜に科学的根拠はなにもないのですが、内閣組閣でさえ「大安」にすることが多いと言われているお国柄です。

実際に結婚式を挙げる場合、「大安」と「仏滅」ではどのくらい料金の差があるでしょう。答えを先に書くと「二割引、三割引きは当たり前。中には五割引も」と、どこかのテレビＣＭのような感じでした。

結婚する若い本人同士は「仏滅なんか気にしない」と言うカップルも多いのですが、結婚式は親族や大勢の人が集まります。「仏滅に結婚式なんかとんでもない！」と気にする人などが出てきて、実際には結婚シーズンでも仏滅はガラガラだったりします。

そのため式場側は「仏滅パック」「仏滅割引き」なんて言って、値下げしていることが多いようです。しかし、結婚式場の公式案内やＨＰを見て探しても、ほとんど「仏滅パック」は載っていません。

それには、次のような理由があります。

式場が空いてしまう仏滅の日は、出来れば結婚式を入れたい。割引きしても喉から手が出るほど欲しい顧客です。でも式場としても「仏滅は安いからどうです」と勧めるのは、「あそこは安くて縁起の良くない仏滅挙式を勧めるところだ」と悪い評判が立ってしまう可能性がある。なので新郎新婦側から言ってきた場合に応じるという作戦を取っているようです。

そんな理由もあってか、「仏滅割引き」事体はそんなに珍しくない話なのに、表立って

は料金表を載せていないようです。普通のブライダルは「ヨーロッパの街並婚、八十人で百五十万円」、「和風ハウスウエディング、六十人百二十万円」みたいにたくさん載ってるのですが「仏滅パック」は公式HPには載っていません。まあ夢を売る商売ですから「仏滅パック」をわざわざ入れないのもわからなくもないです。

なので、実際に「仏滅の日」に結婚した人の声やブログなどを検索してみました。結果、先に書いたように「二割引きだった」「参加者一人当たり、四千円安かった」「ずばり半額」「トータルで十五万引きと呈示された」といった声が多く載っていました。

人数によって金額が減ったり、割引率だったりと統一がとれてないので、平均割引金額・率までは計算が出来ませんが、印象だと「あまり安くならないところもあるけど、二〜三割引きは当たり前。半額なんて声もチラホラ」という感じでしょうか。

最近は結婚式を挙げないカップルも珍しくなくなってきました。こう書いている筆者「のり（夫）」と「たまみ（妻）」も式は挙げず、記念写真だけ撮った夫婦です。理由は単にお金がなかったから……でした。今思えば、記念になるから小さい式でもやっておけば良かったかもしれません。

どんな式を挙げるのか、挙げないのか。
仏滅や大安を気にするか、しないか。
ぜひ、お二人で決めてください。

こんなに大変だった昔の結婚

かつては日本でも西洋でも結婚は「家」と「家」の結婚でした。たとえば武士と町娘が恋に落ちて、結婚したいと思っても、そのままでは結婚することは出来ません。道は2つ。

① 娘をどこかの武士の養女という形にして（娘が武士階級へ）、結婚する。
② 武士の方が帰農などして、武士階級を離れ、自ら生計を立てる。

こんな抜け道はありますが、実際にはなかなか難しかったようです。
①はわざわざそんなことしなくても、同じ階級の人と結婚する機会を作ったほうが、よほど楽でした。そもそも結婚は恋愛でなく、家同士の結びつきですから、周りが勝手に決めるものでした。
②は手に職がない武士が、町人や農民に戻るのは、生計を維持するのが大変だし、プライド的にも許されないこと。なので、身分を越えた結婚は、物語の題材にはなっても、実際には大変でした。

近松門左衛門が有名になったのは、こうした身分を越えた愛の果てに、情死を選ぶ心中物を書いたからです。実際には、なかなか出来ないことだからこそ、物語に出来たともいえます。

もし今なら「大企業の御曹司（武士）と、フリーターの女の子（町娘）の恋」を描いても「身分違いの悲しい恋」ではなくて、ラブストーリーの扱いでしょう。身分に関係なく恋愛が出来て、堂々と結婚出来るようになったのは、実は最近のことです。

ヨーロッパの状況も見てみましょう。有名なのが、一七五四年にイギリスで成立したハードウィック婚姻法です。どんな法律かというと「勝手に若者が結婚してはいけない」「身分を越えた恋を禁止する」ことを目的とした強烈な法律です。

一七〇〇年頃のイギリスでは、「親が勝手に決めた相手」と結婚させられるのが普通でした。ちょうど一七〇〇年に出たメアリー・アステルの『結婚について』では、「結婚の目的は〝親族を喜ばす〟〝義務〟〝財産を殖やす〟である。たまに〝愛〟のために結婚する人が出てきて、世間が驚く」と書かれています。

「愛情」の存在は知っていても、それで「結婚」するのは珍しかったんですね。それでも時を経るにつれ、「愛」でこっそり結婚する人が増えてきました。特に恋愛感情に突き動かされた若者たちです。

「こっそり」と書いたのは、当時の結婚には二つあったからです。

一つは正式に法に認められた結婚。もう一つは勝手に当事者たちが行う「秘密婚」でした。

正式な結婚は親にも認められ、教会で行うもので、厳密に手順にしたがって行われるもの。しかし、それでは恋に落ちた若者たちは自由に結ばれることは出来ないので、勝手にパブなどで法に従わず結婚を行っていました。「秘密婚」は法からは逸脱していますが、当時の社会的には有効とされていました。

そんな「秘密婚」に大反対したのが、親たちです。特に身分を越えた「秘密婚」などによって、家の財産が流失する可能性が増えた貴族などが大反対運動を繰り広げ、厳密な婚姻法の成立が待たれました。そこで作られたのが一七五四年のハードウィック婚姻法です。ハードウィックは法律を作った人の名前で、法の正式名称は「秘密結婚を防止するための法律」。そのままの名前です。

その内容はすごいものでした。

・秘密婚を行った聖職者は十四年の流刑。

・正式な結婚は、登録簿に記入されること。この登録簿を偽造した者は死刑に処す。

などです。

秘密結婚を行った若者たちでなく、式を執り行った聖職者たちに重罪を与える形式にしました。当時、式は聖職者だけが行えるもの（教会結婚のみ有効）だったので、そこを罰することで秘密結婚をなくそうとしたものです。

こうして実質的に、結婚は完全に親の権限の元に行われることとなりました。勝手に娘や息子が結婚することを防げるわけですね。好きで結婚（秘密婚）した場合、関係者などが重罪に処せられることになりましたが、これには法の抜け穴が見つかりました。それは隣のスコットランドで結婚すること。隣の国といっても、同じグレートブリテン島の中で、

南がイギリスで、北がスコットランドです。同じ島の北部にまで行ければ、法律が異なるために結婚出来ました。こちらは完全に合法です。

いかに島の北部にあるスコットランドまで、恋人と駆け落ちするかが恋する若者の大きなテーマとなったりしました。この時代の「駆け落ち婚」を扱った小説『高慢と偏見（ジェーン・オースティン著）』は一七九六年に書かれたものです。何度も映画化され二〇〇五年にも『プライドと偏見』として公開されています。

愛する人と結婚するために、同じ島とはいえ、別の国まで行く。単に「行く」と書きましたが、親などの放った追っ手を撒いての逃避行ですから、なかなか大変なものでした。

こうした「駆け落ちスコットランド婚」に対抗し、親たちは一八五六年には新しい法「ブルーアム婚姻法」を成立させます。その内容は「スコットランド結婚が有効なのは、スコットランドで生まれた者か、三週間以上居住したもの」に制限というもの。

それまでは島の北部スコットランドに駆け落ちして、そのまま即結婚出来ていたのを、三週間以上にしたことによって、実質上極端に妨害したんですね。若者二人が駆け落ちしてスコットランドまで行っても、結婚を止めようと二人を探す親族の目から三週間以上、身を隠さなければなりません。なかなか大変なことです。この法律により、スコットランド駆け落ち結婚は一時落ち着きました。

ウエディング格言

結婚を尻込みする人間は、戦場から逃亡する人間と同じだ。
by R・L・スティーブンソン

しかし、やがて再度抜け穴を作る者が現れます。「三週間以上居住したことにする偽造書類」「そもそもスコットランドで生まれたことにする書類」を作り始めました。……そして、それをまた取り締まる新しい法律。

ハードウィック婚姻法（秘密結婚を防止するための法律）が作られたのが一七五四年。駆け落ち婚を含む「非正式婚」が正式に、かつ法的に無効とされたのが一九四〇年です。いたちごっこを続けながら二百年近く「恋愛」と「親の決める結婚」は密かに戦いました。また「三週間の居住規定」がなくなったのは、なんと一九七八年。最初の法律から二百二十四年後のことです。

世界的に見ても「自由に結婚出来る」のは、恋愛結婚が当たり前とされ、人々の生活が豊かになったのは、割と最近のことなんです。今でも、世界では「親の許可」がなければ正式に結婚出来ない国や制度は残っています。

婚活は確かに大変なことですが、昔に比べたら制限が少なくなっています。だからこそ、恋愛一辺倒になって大変な部分もありますが、それでも「結婚の自由」は人々が長い時間をかけて勝ち取ったものなのです。

市長がネットで結婚相手を募集中

アメリカ・イリノイ州カーボンデールの現市長ブラット・コアさんは「ネットで結婚相手を募集」して一躍有名になりました。

二〇〇七年のこと。

カーボンデール市長のブラット・コアさん（三十五歳）は、新年の抱負を発表しました。

その内容は「今年中に結婚すること」。

政治家のマニフェスト（公約）が、最近なにかと話題ですが、思いっきり個人的な公約です。

そして、ブラット・コアさんは本当に自分の結婚専用サイトを立ち上げました。

そのサイトの名前は「Marry the Mayor」。

日本語に訳すると「市長と結婚しよう」。

市長の個人アピール欄には「私はユーモア、車、マイホームを持っています」と書かれています。

応募方法ですが「なぜ結婚相手として私を選んだのか」というエッセイを書き、それによって市長と会う権利を獲得するようです。

本気なのか冗談なのか、全く……。

その後、実際に結婚したという情報は入ってきていません。

この市長のように、個人で実際に顔写真などを明かして「結婚相手」を募集して話題になる人が世間には出始めました。

ウエディング格言

その女性がもし男であったならきっと友達に選んだろう、と思われるような女でなければ妻に選んではいけない。
by ジュベール

実際に、お隣・中国の上海で、ネットにて二〇〇八年に「誰か私と結婚してください」と募集して、美人だったためか山のような応募があった女性がいます。

一九八二年生まれの匿名A子さんは、日本のタレントさんで言えば伊東美咲さん似の外見でかなりの美人。

A子さんは百六十五センチ、四十八キロ、収入は中国ではまあまあ高収入といえる六万二千円。

そんな美女が、二〇〇八年に上海の人気サイトに顔写真入りで「結婚相手」を募集しました。なんでも前年に彼氏と別れて、両親から「いつ結婚するんだ」と言われ続け、ついに行動を起こしたそうです。

A子さんの結婚相手に求めるのは次のような条件です。

① 年上の人（ただし彼女の五つ上まで、同級生可）。
② 結婚後も働かせてください。
③ 優しくしてください。
④ 顔はソコソコでいいから、元気な男性。
⑤ 夜遊びはしないで。

などでした。

掲示したところが、上海の人気サイトということもあって、たちまち大きな話題になり、写真を見ただけで「結婚を申し込む男性」が続出したとか。

それまでもモテタでしょうけど、まさに大勢に「顔をさらすこと」によって、大きなリターンを得たようです。

二〇〇八年のことですから、今頃は結婚相手候補とおつきあいしているのでしょうか。

ネットで結婚相手を募集して成功するのは、市長や美人などなにも特別な人とは限りません。

同じく二〇〇八年には中国の八十一歳の男性が、ネットで恋人を募集して五十八歳の女性と電撃結婚して世間をアッと言わせました。

十八年前に前妻と離婚した呉介琴さん（八十一歳）は、中国のＷＥＢサイトに恋人募集のコメントを出しました。

年齢が話題になったのか、なんと五十人もの女性から応募がありました。

同年代（八十代！）の女性の何人かと会ってみましたが、あまり好みの人はいなかったそうです。

そのため次は連絡のあった中から、より若い世代の四十代五十代に注目し、その中から五十八歳の蒋暁輝さんを気に入り、実際に会いに行ったところ意気投合。

そして元は恋人募集だったのに、わずか三日間のつきあいを経て、結婚してしまいました。

呉介琴さん曰く「ネットは若者だけのものではない。高齢者がオンラインで恋人を募集してはいけないという決まりはない！」と、まさしく意気軒昂。

それまで老人ホームで暮らしていた呉介琴さんは新妻の住む四川省に引っ越すそうです。

日本でも結婚を目的とした出会い系は決して珍しくありませんが、まだまだ「ネットで顔写真を広くさらけ出し結婚相手を募集する」動きは珍しく、話題になる可能性大です。もちろん変なメールや連絡もたくさん来る可能性もありますが、その中でマジメにあなたと結婚したい人も募集してくるでしょう。

ネットで「私と結婚してくれる人募集」って。

ちょっとやってみませんか。

仕掛けによっては、上手くいけば爆弾級の動きがあるかもしれません。

ウエディング格言

人は無我夢中に急いで結婚するから一生悔いることになる。

by モリエール

第6章
男と女

男と女
どっちの性が得なのか
生物学から考えてみる

「もし生まれ変わるとしたら次は男と女どっちがいい？」

あなたの答えは男？　女？　どちらでしょうか。

この質問に対する最近のアンケート調査をいくつか見ると、アンケートによって「ちょっと男派が多い」「ちょっと女派が多い」という程度で、全体ではあまり差がなくほぼ拮抗しているようです。

また全体では半々ですが、「女性の人は次も女性に、男性の人は次も男性に」という形で今の性を肯定する割合が六割前後と過半数を超えます。

諺で他人の物がよく見える現象を「隣の芝生は青い」なんて言っていますが、性の決定に関しては他人の性より、自分の性がよく見えているようです。

もっとも別の性になるのが想像つかなくて怖いだけかもしれませんが。


まずは「次は女」派の意見を見てみましょう。

「子どもを産める」「男の仕事は厳しそう」「寿命が長い」「ジャニーズの追っかけをしてみたい」「認められるファッションの幅が男より広い」など。

「次は男」派の意見。

「亭主関白してみたい」「男の方が年を取ることに抵抗がない」「生理は大変」「女同士の人間関係は大変だから」「会社でも出世出来る」「体力が上」などでした。


いろいろな理由があるものです。

賞味期限間近につき プライスダウン!?

しかし「次は男性」派の方の選択は、ちょっと考えた方がいいかもしれません。将来、男性という性そのものがなくなっている可能性があるからです。

二〇〇九年一月十八日、ＮＨＫで「男が消える？　人類も消える？」という番組が放送されました。

ＮＨＫスペシャル「女と男　最新科学が読み解く性」の第三回目です。

その番組によると「将来、男がいない可能性がある」とのこと。番組内容を要約すると「オス・メス両者そろって子孫を作るというシステムは、哺乳類が独自に開発したもの。人類のオスの遺伝子は劣化が激しい。このままなら存在意義がなくなって、消滅する可能性がある」というものでした。

人間の性を決めるのはＸ染色体とＹ染色体です。ＸＸなら女、ＸＹなら男です。

母体の中のＸ（女）は磨耗やエラーに強く自己修正が効きますが、Ｙ（男）は磨耗やエラーに弱い構造になっています。実際にＹはエラーの部分を欠損させたまま子孫に引き継ぎ、どんどん短くなっています。

現在、Ｘ染色体には千と九十八の遺伝子（塩基対）が存在していますが、Ｙ染色体の遺伝子はたったの七十八。哺乳類が約一億七千万年前に性システムを獲得したときには同じ数だったはずなのですが、欠損部分が多くなり、とうとう最初の十四分の一にまでなってしまったそうです。

このままのペースなら、男性という性がなくなる日が来るかも知れない。

こんな要旨の番組でした。

「男性」がいなくなるからといって、人類が滅亡するというわけではありません。

全く新しい形態になっている可能性があります。

多くの生物が行っているように「メスだけで繁殖」に戻るかもしれません。

カタツムリのような雌雄同体かもしれません。

身体の中でオス・メスの部分が半分ずつの雌雄モザイク（昆虫などでよく発生）の可能性も。

ディズニーアニメ『ファインディング・ニモ』で有名になったカクレクマノミは、立場によってオス・メスの性別が入れ替わります。集団の中で一番強いのがメス、その次がオス。その他は繁殖に参加しないオスメス不明状態です。一番強い個体（メス）が死んだりしていなくなると、二番目に強い個体（オス）が格上げされてメスになり、三番目に強かったのがオスになります。

また人間の場合は受精の時のX、Yでオス・メスを決めてますが、ある種のウミガメやトカゲのように卵の時には性別は決まっていなくて、孵る時の温度でオスメスが決まる生物（温度性決定）もいます。

こんな風にオス・メスって、人間だとがっちり決まっていますけれど、結構生物ではいい加減です。

ウエディング格言

女房に愛される技術というものは発明されないものだろうか。
by ラ・ブリュイエール

哺乳類の一部（日本に住むアマミトゲネズミなど）に、すでにY染色体がない生き物が見つかっています。

アリも通常は、女王アリが雄アリと交尾を行い、その時の精子を体内に貯めておいて延々と膨大な数の卵を産み続けます。しかし最近「オス・メスによる交尾という繁殖方式をあえて退化（進化？）させ、女王アリのクローンだけで繁殖するアリ（アルゼンチンなどに生息するMycocepurus smithii）が見つかり話題になりました。

生物にとってオスは絶対必要というわけではありません。オマケのようなものです。
最初の生命の発生は地球誕生十億年後。
その後十億年は「メス」しかいませんでした。
そこにオプションのように便利機能として発生したオス。

遺伝子を混ぜるなど色々便利な役割を果たしてきましたが、そのオスの賞味期限・寿命が切れつつあるのかもしれません。

それでもオスにあなたはなりたいですか？

「処女と童貞」が結婚したゆえの悲劇

ドイツでの実話です。

子どもが出来なくて結婚以来悩んでいる夫婦（夫三十六歳、妻三十歳）がいました。

結婚して八年も経つのに、一向に子どもが出来る気配がないのです。

「なぜ子どもが出来ないんだろう？」とドイツのリューベック大学病院を訪れた二人。

検査したところ、二人の体は全く正常。妊娠になんら問題はありませんでした。

でも、本当の問題が発生したのはここから。

ドクターが二人に「どのくらいセックスをしているか」を念のために確認したところ、二人共「セックスってなんのことでしょう？」と返したとか。

実はこの二人、信仰心の厚い家庭環境で育てられたため、結婚するまで、そして結婚後も「セックス」の存在自体を知らなかったようです。

そしてどうすれば子どもが出来るかも。

童貞・処女で結婚し、その後も八年間交渉なし。

忌み嫌っていたのではなく、ほんとにセックスの存在を知らなかったそうです。

すごいレアケースですが、たまにこうした特定の知識の欠如って、ありますよね。

たとえば、国立天文台の調査によると、日本の小学生でも「地動説」を知らなくて、今でも「地球の周りを太陽が回っている」と思っている子どもが40％いたりします。

恥ずかしい話ですが、実は筆者のり・たまみの〝たまみ〟の方も、結婚するまで「植物は不死の生き物」と思っていたそうです。

抜かれたり切られたら死ぬけど、基本的に植物は普通の状態では寿命がない。だから今生えている草や植物は何万年も全部生きているやつだと思っていたそうです。

それはともかく、厳格な家庭に育ったゆえに「セックスの存在」すら知らなかった二人。ムラムラっと来ることもなかったのでしょうか。

今、二人はセックスセラピーのクラスを受講しているそうです。

そしてリューベック大学病院では、この夫婦のように「性に関する知識が全くないために、子どもが出来ない」と思っているカップルが他にいないか調査中だそうです。

筆者も小学三年生くらいまでは、なんとなく「キスで子どもが出来るのかな」と思っていましたが、さすがに十歳過ぎた頃には知っていました。この二人の場合、それが二十代まで続き、そのまま結婚してしまったんでしょう。

周りも教えなかったというより、まさか知らないとは思っていなかったんでしょうね。

実は結婚も一緒で、ちょっとした「なにか」をたまたま知らなかったり、ほんの少しのことが障害になって、ずっと逃している可能性があります。婚活という言葉が生まれ、結婚そのものが、かなりオープンになったようですが、結婚はセックスと同じく、かなり「個人的」なことですから、ちょっとのことでつまずいてる可能性があります。

知識って大事なんですね。

ウエディング格言

正しい結婚の基礎は相互の誤解にある。
by ワイルド

男性と女性の性欲のピークは逆方向にずれている

「妻の性欲についていけない」

「旦那が相手をしてくれない」

ネット上のお悩み相談室を覗くと、こんな質問が山のように溢れています。

もちろん逆の「妻が疲れたといって相手をしてくれない」というのもありました。

「性欲」の問題、難しいですよね。


一般的に「男女の間で性欲のピーク」に差があると言われています。

男性は十代後半でピークを迎え、その後は少しずつ下降線を辿ります。

逆に女性は三十代から四十代がピークとも。

特に夫婦の場合は、男性が年上のことが多いので、その分さらに「ピークの差」はひろがります。数年ならともかく、ピークを十数年から二十年ずれてますから大きな問題の一つです。

なぜ、こんな現象が起こるのでしょうか。

かつてR25（WEB版）に、そのものズバリの『男女の性欲のピークはどうしてズレてしまうの？』という記事が載っていました。

それによると、この「性欲のピーク差」の原因はホルモンによるかもしれないとのこと。

性欲をに影響を与えるホルモンのテストステロンは、男性だと十代後半でピークを迎え、その後は少しずつ減っていきます。逆に女性は二十歳から四十歳までほぼ一定に保たれています。また女性は三十台後半から性的快感などを知り、探求心が芽生えてくることがあ

る。

そのため男女で性欲のピークがずれている可能性がある。

そんな記事でした。

もっとも男性の場合には少しずつ減っていくとはいえ、完全に生殖能力がなくなるわけではないので、六十代や七十代になっても性行為は可能です。

上原謙さん（加山雄三のお父さん）は七十一歳で、新しく子どもをもうけて「高齢パパ」と話題になりました。その他にも「三船敏郎さん・六十二歳（この時の子どもが三船美佳さん）」「歌舞伎俳優の中村富十郎さん・七十四歳」「岡田真澄さん・六十三歳」など沢山の例があります。

女性も高齢出産の例はなくはないのですが、通常は「閉経」によって女性ホルモンが低下し性交痛が現れるため、性交を嫌がるケースが多くなるそうです。

まとめると男性は十代からがピークで、その後ガクッと下がり、あとは細く長く。

女性は三十代からピークを迎えますが、閉経などによって急に落ち着く。

ピークの時期が十数年～二十年近くずれているために、お互いの欲求がうまくマッチングしていない例が多い。この三点になります。

「若い男の子はやることばっかり考えている」も「妻の欲求がすごくて……」。

どちらも生物学的にもっともなことなのでしょう。

これからの女性は年下男性を狙うのも、一つの手かもしれません。

ダイエットは婚活の役にたつ？

ココアダイエット。

朝バナナダイエット。

ビリーズブートキャンプ。

など、現れては消えるダイエットたち。

かつては、

「アイスクリームダイエット」

「和菓子ダイエット」

なんて「ほんとに痩せるのか？」と言いたくなるような、逆に太りそうなダイエットもありました。


また「三和銀行式ダイエット法」なんていう名前の、銀行とダイエットとなんの関係があるんじゃい、みたいなのもあります。

ダイエットの目的は「健康のため」「美容として」など色々あるでしょうが、やはり「痩せて異性にモテタイ」「婚活につなげたい」という思いも結構あると思います。


でも、ほんとに「痩せたらモテル」のでしょうか。

「ふっくらしてる人が好き」という人も結構多い気もしますが。

日本とは真逆に「太っていれば、太っているほどモテル」「肥満の女性ほど結婚出来る」と思われている国があります。アフリカ・サハラ砂漠の西に位置する「モーリタニア」です。

一九六〇年にフランスから独立。人口は約三百三十万人。大西洋に面していてマダコの一大生産地。

日本のマダコの七割は輸入物ですが、その中でも一番多いのが、このモーリタニア産です。「タコ焼き」「タコのマリネ」それに寿司ネタのタコとして、たくさん使われています。

そのモーリタニアですが、女性がモテル条件はずばり「太っていること」です。

街を歩いていても男性の目を奪うのは太っている女性で、やせている女性は肩身がせまいそうです。

モーリタニアの国民は、もともと砂漠の遊牧民の方がほとんど。

砂漠においては「太っている」ことが豊かさの証しで、また男性としても「家族やパートナーを肥えさせること」が男の甲斐性と思われています。


だから女性たちは太ろうと必死。

子どもの頃から、砂糖漬けのラクダ乳や粥を無理矢理のどに詰め込みます。

適齢期（十代後半）までにしっかり太っているように、子どものうちから「太ること」が人生の目標だったりします。

ダイエット教室ならぬ、太るための「肥満教室」が娘たちに大人気。

また家族にとっても「娘が太っていること」が嫁入りの大事な準備なので、親が無理矢理に、小さい時から、口に食べ物を流し込み食べさせるガバージュ（強制肥満化）も行われています。

二〇〇一年にモーリタニア政府が行った調査によると、五人に一人が親からのガバージュを受けていました。

でも、そんなことをしなくても娘たちには「太りたい願望」がそもそも強いのです。

先にあげた「肥満教室」の他に、太るためのサプリメント（食欲増進剤、ステロイド等）が娘たちの間で流行しています。

日本でダイエットをしている人に話を聞くと「異性にモテルためではなく健康のため」という意見も多いです。でも厳しい砂漠などで暮らしている人にとって、太っている方が砂漠の厳しさをものともせず健康的に見えます。

また二〇〇九年に日本の厚生労働省の研究チームが「余命」を調べていたら、次のようなことを発見しました。それは「ちょっと太っている方が痩せている人より長生きしている」というもの。

正確に書くと「四十歳時点の体型で比べると痩せている人は一番短命。ちょっと太っている人より六～七年早く死ぬ！」という調査結果が出ました。

でもどんな体型が健康で、どんな人がモテルかなんて一概には決められないですよね。あなたらしさを健康的に発揮していることが、実は一番の婚活かもしれません。

特殊な婚活？
男同士、女同士の
結婚世界事情

数は少ないけれど、ちょっと変わった結婚を取り上げます。

それは「同性同士の結婚」です。


昔から同性愛はありましたし、特に男性同士の愛は、時代によっては「異性愛より貴いもの」として大切にされてきました。

日本でも衆道と言われ、普通に武士が若い男の子をかわいがっていました。肉体関係もあります。

有名どころでは織田信長と森蘭丸、武田信玄と高坂弾正、伊達政宗と片倉重長などなど。

「武士道とは死ぬこととみつけたり」で有名な武士の生きる道を説いた「葉隠」にもちゃんと正しい「衆道」の行い方が記述されているほどです。


これだけ昔から世界各地で同性愛はありますが、なぜか「結婚」は別でした。

皇帝ネロが男性と結婚していたことなど、多少はあるのですが、それはまた別の例。

先に挙げた武士たちも、それぞれちゃんと女性の妻がいたりします。


そんな流れが変わったのはここ十年あまりのことです。

それ以前にも「登録パートナーシップ法」などは一九九〇年頃からあったのですが、正式に「同性結婚」が認められるようになったのは二〇〇〇年からです。

一番最初は、二〇〇〇年に「同性結婚法」が成立したオランダ。

これは世界で初めて異性同士の結婚と同じ婚姻制度を採用した法律です。

ついでベルギーが二〇〇三年。

スペインが二〇〇五年。

この時スペインのサパテロ首相は、こんな演説しました。

「これは単に無味乾燥に思われがちな法律の条項一つを追加しただけという話でない。文面的には（ただ結婚相手に同性も加えるという）小さな変化かもしれないが、何千人もの国民の生活に影響を与える大きな変化である。私たちの隣人が幸福になる機会を拡大する法律である」


そしてスウェーデンも二〇〇九年に同性結婚がＯＫになりました。

アメリカやカナダなどは二〇〇三年頃より、合法になり始めました。

州によって法律が異なるので、州によって認められたり認められていなかったりしています。

日本で言えば「栃木県では結婚出来ないけれど、三重県なら大丈夫」みたいな感じです。


日本では、まだ同性結婚は法律的には認められていません。

イスラム諸国みたいに、罰せられることもないのですが、権利もありません。

世間の目も厳しいでしょう。

そのために同性結婚に寛大な雰囲気のあるカナダなどに移住する人が出てきているそう

です。

世間の偏見から生まれた特殊な結婚もあります。

それが同性愛者のための偽装結婚。

自分が性的少数者（同性愛）であることを隠すために、わざと「異性の結婚相手」を探すものです。

同性愛雑誌などで、実際にそうした相手を探す「結婚コーナー」がありました。

そこで偽装結婚の相手を、お互いに納得づくで見つけるシステムです。

ちょっと変わった夫婦ですよね。

似たようなパターンは「海外の女性が日本で働くための偽装結婚」「アメリカの永住権が欲しいから、お互いに偽装結婚」などがありますね。

かなり特殊な婚活ですが、お互いに納得づくなら、こんな婚活もありなのかもしれません。

結婚から離婚までの「平均年数」アメリカは7年、イタリアは17年 では日本は？

ヒロシ&キーボーの大ヒット曲『三年目の浮気』は、浮気をした亭主が奥さんに謝る歌でした。その後、どうなったか知ってます？

続編は『五年目の破局』。そう、浮気の二年後（結婚五年）で「結局破局」というものでした。これで終わるかと思いきや、さらに続編が出ます。それが『危険なクラス会（七年目の洒落）』。こちらはもう夫婦シリーズでなくて、同窓会に出た男女が「浮気しちゃおうよ」「それもいいわね」みたいな歌です。なんだか人はこうして大人になっていくんでしょうか、という感想を抱かせる三部作でした。

コミック演歌では五年しかもたなかった結婚生活。

では実際には、いったい人はどのくらいの期間で離婚しているんでしょうか。

世界の結婚から離婚までの平均婚姻年数を調べたデータがあります。

対象となったのは経済協力開発機構《OECD》加盟のうち二十三ヶ国。

その調査によると「結婚から離婚までの平均年数」が一番短いのはアメリカの七・二年。

離婚大国と言われてますが、データ的にも裏付けられています。

次に短いのはオーストラリアの七・六年。次はお隣韓国の九・二年、トルコの九・四年、と続き、ここで日本の登場です。答えは一〇・二年。長さで考えると、二十三国中十九位です。

日本より結婚生活が短いのはアメリカなど数カ国しかありません。

「日本人は自分の意見をハッキリ言わない」なんて意見もあるようですが、離婚に関してはハッキリしているようです。

ウエディング格言

結婚するとき、私は女房を食べてしまいたいほど可愛いと思った。今考えると、あのとき食べておけばよかった。
by アーサー・ゴッドフリー

ＯＥＣＤの調査にもどると、多くの国は、だいたい十一〜十四年内に入っています。極端に一国だけ長いのがイタリアの十七年。

これには理由があります。イタリアは離婚する前に「三年間別居すること」と決まってるので、実質の夫婦生活は十四年なので、一種の数字のトリックですね。

またカトリックの国なので、あまり離婚は推奨されない背景があります。

雑誌モデルのジローラモの言動などで、イタリア男性はみなジゴロみたいな記事を見かけますが、意外に離婚には保守的な国です。

日本の十年はあくまで平均値です。「成田離婚」みたいに極端に短いのもあるし、「熟年離婚」「定年待ち離婚」のように長いタイプのもありますから。だから平均といってもみんなが十年で危機を迎えるわけではありません。ただ数値化しちゃうと「十年」がひとつの目安になるようです。

でもほんとに怖いのは、離婚もせず、ただじっと耐えている「死に待ち族」でしょうか。一部で使われている言葉ですが、意味は想像にお任せします。

余談ですが、日本の演歌『三年目の浮気』よりずっと前に『七年目の浮気（一九五五年）』という映画がありました。マリリン・モンロー主演の不倫映画で、地下鉄の通気口に立ち、スカートがふわりと浮き上がるシーンで有名です。

実はこのスカートの浮き上がる撮影シーンを見て、モンローの実生活の夫ジョー・ディマジオ（大リーグの選手）が激怒し、離婚してしまったそうです。

新婚九ヶ月目の悲劇でした。

アニメキャラとの法的結婚を求める日本のアニオタ

朝比奈みくるさんを、知っていますか?

もし知っているとしたら、かなりのアニメ好きか婚活マニアです。

朝比奈みくるさんは、大人気アニメシリーズ『涼宮ハルヒの憂鬱』の登場人物で、「ロリで巨乳で萌え」な女子高生という位置づけです。

身長は百五十二センチで、登場人物に「朝比奈さんより可愛い生物なんているんですか?」と言わしめている超美少女キャラです。

その二次元キャラである朝比奈みくるさんと結婚出来るように法を改正してくれ! と二〇〇八年に運動を起こした男性が話題になりました。彼の名は高下太一さんです。

「誰と」「誰が」「どんな状態なら」法律的に結婚出来るかは国や時代によって異なっています。日本では「異性」で「まだ独身(重婚禁止)」で「男性は十八歳以上、女性は十六歳以上」でなければ結婚出来ません。でもこれはあくまで日本の今だけの取り決め。

これまで述べたように、フィリピンでは死ぬ直前でも遺言で、結婚することが出来ます。

さらに先を言えば、フランスではすでに死んでいる人とちゃんと結婚出来ます。

その他、インドでは「カエル」「犬」「樹木」などと結婚出来ますし、ロシアでは「大好きな牛と結婚させてくれ!」と大統領に直訴した農家の男性が話題になりましたね。同性同士(男と男、女と女)の結婚しかり、近親結婚も国によっては認められています。

実際に日本ではまだ「男と男(女と女)」は結婚出来ませんが、たとえば「男→性転換→女と法的にも認められる」という手続きを踏むことによって、男と元男の結婚は法的に

も出来るようになっているようです。

こんな風に誰とどんな風に結婚出来るかは時代などによって異なります。

そんな中で出てきた高下太一さん。

ＷＥＢ上で署名を集めることが出来るサイト「署名ＴＶ」で、「朝比奈みくると法的に結婚出来るようになりたい！」「ボクは三次元の世界には興味がありません。出来れば二次元の世界の住民になりたい。でも現在の技術では無理なので、せめて二次元キャラとの結婚を法的に認めてほしい」と署名活動を開始しました。

この高下太一さん、実在の人物なのか（なにせ匿名性の強いＷＥＢ上での話ですから）、ネット上の設定キャラなのか話題になってますが、話題性もあって一週間で千人以上の署名を得ることが出来ました。

最初はほとんど誰も相手にしなかった「同性同士の結婚」なども、一部の方の熱心な運動で、徐々に大きくなり立法化される国が多くなってきました。

なにが起こるかほんと分かりません。

実際に東京都が二〇一〇年三月に提出した青少年健全育成条例（案）の中で「非実在青少年」への規制を打ち出し話題になりました。

「非実在青少年」とはマンガやアニメの中に出てくるキャラのことです。

規制をかけるなら、逆にいつかアニメキャラと法的に結婚出来る日も来るかもしれません。

婚活サイト「男の子牧場」騒動とはなんだったのか透けてみえる男女の本音

二〇〇九年に運営開始したある婚活サイトが大問題になりました。

大きく報道されたので、ニュースなどで見聞きした方も多いのではないでしょうか。

どう役立てるか、というより婚活関係で大きく報道された事件だったので、ちょっと取り上げてみます。


二〇〇九年五月十三日に問題の婚活サイト「男の子牧場」はオープンしました。

女性専用サイトの中に作られ、それぞれの女性会員が知り合いの男性を載せることが出来ます。

画面を開くと牧場のようになっていて、その中に「馬」「牛」などのアイコンがあり、それがそれぞれの男性会員を示しています。

クリックすると男性の顔写真や、特性などが表示されるというもの。

その中身がまたヒドイ。

女性会員が画面で、次のような操作で縦横に自由に男性を分類することが出来ます。

たとえば縦軸に「お金持ち←→貧乏」、横軸に「イケメン←→ブサイク」を設定。
そうすると牧場が四つに区切られ、
お金持ち・イケメン。
お金持ち・ブサイク。

貧乏・イケメン。
貧乏・ブサイク。

それぞれの場所に馬や羊などがいて
「私は競争が激しくない貧乏でブサイクな男性がいいわ」
「お金はいいけど、見た目よ！」
と、それぞれの価値観に合わせ、その中にいる馬や羊のアイコンをクリックすると男性の顔写真やプロフィールが出るというもの。

分け方はいろいろあって、たとえば「肉食系」「草食系」という分け方なども。

草食系の方には補注で「少子化に貢献」なんて言葉も添えられていました。

いろんな意味ですごいですね。


そもそも「男の子牧場」という名前も、流行となった言葉「草食系」の関連からつけたそうです。

男性を掲載する場合、規約で「掲載男性の許可をとってください」とありますが、これは「被登録男性の同意を取りましたか？　ＹＥＳ・ＮＯ？」という欄で、載せた女性がＹＥＳをクリックするというもの。

よくアダルトサイトなんかで、あなたは十八歳以上ですか？　ＹＥＳ・ＮＯとクリックする画面がありますが、あれと一緒。

わざわざアダルト画面を開けて「ボク、十八歳未満だから」と律儀にＮＯをクリックする人は少ないと思いますが、それと同じで要はどうとでもなります。

主催者側でも、ほんとに本人承諾を得たかを独自にチェックしたそうですが、その見分け方が「写真を見て、許可をとってなさそうならダメ」みたいな非常に中途半端なもの。

今の時代、誰でも写メやデジカメで男友達の写真なんていっぱい画像データで持ってますよね。

普通に写真見ただけで、どうやって「牧場に載せていいかどうか、写っている男性の許可を」判断出来たんでしょう。

まあ、そんなこんなでツッコミどころ満載で「こんな婚活サイト、非常識だ！」「勝手に登録された」などの非難が相次ぎ、スタート翌日の朝十時には早くも、運営会社が「いろいろなご意見を頂き、考え直しております」というコメントを発表。

テレビでも大きく取り上げられ、数千件の苦情が相次ぎ、わずか実質五日間でこの斬新すぎる「婚活サイト」は閉鎖されました。

最後の方はもう無法状態もいいところで、誰でも自由に（検閲はなしに等しいので）、牛や馬のアイコンではなく、自分の性器のアップ写真を載せていたりしたため、下手なエロ画像サイトよりも、ものすごいことになっていて滅茶苦茶な状態でした。

「どんな経験でも失敗ということはない。学びの機会である」という言葉があります。

ウエディング格言

結婚するやつは馬鹿だ。しないやつは——もっと馬鹿だ。
byバーナード・ショー

それに習って、この斬新すぎる婚活サイトから学ぶとしたら、なんでしょう。

人それぞれ感じるところは異なると思いますが、私が感じたのは

① いくら人柄が大事とは言え、「イケメン、ブサイク」「年収」などはやはり条件として大事。でも、それはこっそり人に聞いたり、気にすることで、勝手に公開したから大問題になる。

② 大事な本人許可をYES・NOクリックのようにしてしまうと、いくらでもウソをつける。というかウソだらけ。やっぱりチェックは大事。

③ 自分のアレの大写真を公開する、などなどネットにはいろんな人がいる。「性善説」より「性悪説」でネットの世界は動いたほうがよい。

というあたりでしょうか。
あなたはなにを感じましたか？

あとがきにかえて

「へんな婚活」いかがでしたでしょうか？

本書は題名の通り、一見「？」と思われる「へんな婚活」や「世界各国の婚活事情」などを中心に取り上げたのですが、よくよく調べてみると、これらの婚活はその土地の文化や、環境に適した「なるほど」と思うような理由から生まれています。

また、大昔、恋愛は病気だと考えられ、婚活自体ができなかった時代から、現代では、自由な恋愛ができ、いろいろな婚活が生まれています。

家柄や財産などを調べる（？）婚活は、おそらく古代からあったでしょうけれど、スイスやアメリカなどで行われている「遺伝子を解析して相手を探す婚活」などは、20世紀になって始まりました。

もっとも、さらに先をいって結婚相手を探すのではなく「精子そのものを買ってきて、妊娠しちゃう」という精子バンクなどもアメリカを中心に広がりつつあります。

こうなると、婚活というより、まさに「子種を買う」という感じでしょうか。

インターネットの普及も、私たちの婚活に大きな影響を及ぼしています。

筆者の友人にも「ネットで知り合って」というカップルが増えてきました。

また、その一方で「星占いで結婚相手を決める」なんていう古風？地域もあります。

それに、力尽くで女性を誘拐すればＯＫなんていう、私たち日本人から見たらかぎりなくビックリなやり方もありましたね。


もっとも「婚活」は人間だけの話ではありません。

動植物にとっても、とても大事な事です。

「異性（時には自分）と結ばれて、子孫を残す」ことは、自分の遺伝子を残す、種として繁栄するために、私たち人間より大事な生活の一部といっても過言ではないでしょう。


そのために本書でいくつか紹介したように、オスがメスに完全に吸収してもらうアンコウや、ほんとはオスなのにメスのフリをして近づき、さっと交尾だけして逃げる間男ハゼ。カタツムリみたいに、異性が見つからなかったら、自分でオスメス二役をして交尾する生物もいましたね。

「いずれはオスはいなくなる」なんて学説もありますが、「所詮この世は男と女」という言葉のように、しばらくはまだまだ「男と女のあれこれ」が世の中を騒がせ、また動かしていくことでしょう。


山の頂上は一つだけど、そこに至る道は複数あるものです。

それ以上に「結婚」に至る「婚活の道」は何百も、何千も、何万もあります。

あなたに合った婚活を見つけるために、本書で紹介したようないろいろな方法を知ることは、有利に働くと思います。

家族や夫婦をめぐっては、いろいろな価値観がありますが、やはり「夫婦」はいいものだと私たちは思います。
実際に本書も、のり（夫）・たまみ（妻）という夫婦ユニットで書き上げました。

本書の出版にあたり、たくさんの方のお世話になりました。
本企画が世にでるきっかけを作ってくれた、企画のたまご屋さんの森田剛さん。
そして世に送り出してくれた北辰堂出版の小出千春様。
編集の小島由美子様には、構成や全体の方向付けなど特にお世話になりました。

本書を読んで、あなたにあった婚活を見つけて頂くことができ、幸せな結婚への近道となるならば、筆者にとってこれほど嬉しいことはありません。

のり・たまみ

二〇一〇年五月

参考文献

【書籍】

・イギリス式結婚狂騒曲―駆け落ちは馬車に乗って
　岩田託子著　中央公論新社

・わが国における婚姻の実態的変遷
　高嶋めぐみ著　高文堂出版社

・愛はなぜ終わるのか―結婚・不倫・離婚の自然史
　ヘレン・E・フィッシャー著　草思社

・女と男のだましあい―ヒトの性行動の進化
　デヴィッド・M.バス著　草思社

・国際私法・国籍法・家族法資料集―外国の立法と条約
　奥田安弘(翻訳)　中央大学出版部

・雄と雌の数をめぐる不思議
　長谷川 真理著　NTT出版

・ノーベル賞受賞者の精子バンク―天才の遺伝子は天才を生んだか
　デイヴィッド プロッツ著　早川書房

・日本の童貞
　渋谷 知美著　文藝春秋

・週刊FLASH
　光文社

【インターネットサイト】

・厚生労働省HP
・国立社会保障・人口問題研究所HP
・オリコンHP
・フリー百科事典　ウィキペデア
・家庭生活と家族のコミニケーションに関する調査研究報告書（兵庫県）
・署名TV
・R25（web版）

本書は、新聞、雑誌、インターネットなど様々なメディアを参考に致しました。
異なる情報をお持ちの方がいらっしゃいましたら、弊社ホームページよりご一報頂けましたら
幸いに存じます。

●のり・たまみ●

世の中のいろんな「へん」を集めるのが大好きな夫婦ライター。のり（夫）・たまみ（妻）の合同ユニット。主な著書に「へんなほうりつ」（扶桑社）、「日本一へんな地図帳」（白夜書房）、「へんなギャラ」（メディアファクトリー）、「へんな国会」（ポプラ社）、「誰かにしゃべりたくなる数字のネタ」（あさ出版）、「2階でブタは飼うな!」（講談社）など多数。

●あずまかおる（イラスト）●

日本児童教育専門学校絵本科卒。講談社、キングレコードなどのイラスト、絵本カットで活躍。主な作品は「介護がラクになる魔法の言葉」（大誠社）、「ひとつだねパンづくり」「自分を磨くマナー術完全奥義」（ともに北辰堂出版）などのイラスト。

へんな婚活

2010年6月10日　初版発行

著者/のり・たまみ

発行者/小出千春

発行所/北辰堂出版株式会社

〒162-0801 東京都新宿区山吹町364

tel.03-3269-8131　fax.03-3269-8140

http://www.hokushindo.com/

印刷製本/勇進印刷株式会社

定価はカバーに表記。

ISBN 978-4-904086-79-7